ふだんの金沢に出会う旅

Journey to meet the usual Kanazawa

その角を曲がると
細い路地に迷い込む。
立ち並ぶ古い家々。息づく日常。
小さな和菓子屋に立ち寄って
町の人が通うカフェでひと休み。
きれいな川沿いを散歩して
偶然入った古道具店で
お気に入りにめぐり合う。
この町に暮らす人。
ものづくりに打ち込む人。
伝統を受け継ぎ守る人。
おいしい野菜や料理を届ける人。
たくさんのすてきな笑顔に出会う。
観光地を巡るだけでは
味わえない、濃密な時間。
暮らす人の目線で、
ゆっくりのんびりと。
さあ、あなたも
ふだんの金沢に出会う旅へ。

CONTENTS

※データは2015年2月現在のものです。
※価格は税抜き価格です。税込み価格の場合は（税込）と明記しています。
※夏季、年末年始、GWなどの休業日はご確認ください。

CHAPTER.1

カフェ・お菓子

Cafe & Sweets

お茶の文化が息づく金沢には
おいしい和菓子屋をはじめ、
カフェや洋菓子店、パン屋が
たくさんあります。
地元の人に愛されるお店だけを。

001

自家焙煎珈琲店｜金沢市十間町

東出珈琲店

東出陽一さん・侑子さん

人が集い、自然と会話が弾む
居心地のいい珈琲店

この本の取材期間中、ぼくたちは何度そのカフェに足を運んだだろう。おいしいコーヒーと心地よい雰囲気に誘われて。

金沢の台所、観光地としても人気の近江町市場。そのすぐ隣に「東出珈琲店」はある。朝8時の開店直後カウンター席にずらりと並ぶのは、市場に仕入れに来た料理人たち(前ページ写真)。旬の食材をどう料理したらおいしいか、といった話に花が咲く。

店主の東出陽一さんは、石川県の加賀市出身。コーヒーに興味をもったのは中学生の頃。

「姉がコーヒーにはまり、毎日のように淹れてくれて。最初は変なこと始めたなと思っていました。でも、あるとき姉のコーヒーが、家族が集うきっかけになっていると気づいたんです」

横浜での大学時代に、本格的にコーヒーにはまった陽一さん。東京の「カフェ・バッハ」の門を

（右）いつも新鮮な豆でコーヒーを提供できるよう、少量ずつ焙煎。常時20種類以上の豆を用意、販売も行う。（左）「飲んでくれる人のことを思いながら、心を込めて淹れることを大切にしています」

道路に面した焙煎室に立つ陽一さん。その姿を見て来店するお客さんも。焙煎具合は、季節や天候に合わせて秒単位で調整。

丁寧にハンドピックしたコーヒーは、雑味のないクリアーな味。自家製プリンも人気。

たたき、金沢の自家焙煎珈琲店「チャペック」（P25参照）を紹介してもらい働き始める。

じつは東出珈琲店の建物は以前、チャペックだった。修業を始めて8年、同僚だった侑子さんと結婚した陽一さんが、師匠に独立について相談すると、もう少し待つようにいわれた。

「当時、新店を開く計画があり、師匠はそれを機にここをぼくたちに譲ろうと考えていたんです」

こうして二人は師匠の店と思いを受け継ぎ、2007年の夏、東出珈琲店をオープンした。

チャペックの空間をほぼそのままいかした店内は、落ち着いた雰囲気。

当初は、店名やオーナーが変わったことに、厳しい言葉をいただくこともあった。一方で、「10年以上修業して頑張ろうとしているんだから、応援してあげようよ」といってくれたのは、料理人などの常連客たち。陽一さんはその期待にこたえようと、欠けた豆などを取り除くハンドピックを、焙煎前後の2回丁寧に行うなど、手間暇を惜しまずコーヒーと向き合った。

「コーヒーを飲んでくれたお客さんの声に耳を傾けながら、試

道を聞かれ、案内するスタッフ。心を込めた接客も心地いい店づくりには欠かせない。

クラフトが好きな二人は、若手作家をアルバイトとして雇うなど陰ながら応援。店内では、彼らの作品も販売している。

支えてくれたお客さんや
スタッフへの感謝を忘れずに

店の前で長男の岳大くん、長女の芽生子ちゃんと。現在、産休中の侑子さんは、もうすぐ復帰予定。

行錯誤を重ねるうちに、だんだんと自分なりの味が見えてきたんです。まだ道半ばですが」

　オープンから7年、常連客は順調に増え、多くの観光客も訪れるようになった。

「地元の方が隣の観光客の方に、おすすめのお店を教えている光景などを見ると、本当にうれしい。カフェの一番の魅力は、人が集まり、新たなつながりが生まれることだと思うんです。だから、これからも気軽に入れる居心地のいいお店を、自然と会話が弾むようなおいしいコーヒーをつくり続けていきたい」

㊟金沢市十間町42
☎076-232-3399
㊖8：00〜19：00
㊡日曜（連休のときは変更あり）
最寄りバス停／武蔵ヶ辻・近江町市場
MAP→P151-C3

陽一さんは、加賀毛針を使った鮎釣りが趣味。金沢では町の真ん中を流れる犀川で、気軽に鮎釣りが楽しめる。

店の近くに暮らす東出さん一家。香林坊などの中心部へ出かけるには、金沢城を抜けるのが近道。贅沢な散歩コース。

002

カフェ｜金沢市尾張町

ニワトコ

尾﨑有希子さん

おいしさを高めるひと手間で
老若男女、みんなを笑顔に

窓の向こうには歴史を感じる商家が並ぶ。
町の風景をながめながら、ゆっくりと。

藩政時代から商家が立ち並ぶ金沢市尾張町に、サラリーマンや主婦、お年寄りと、たくさんの笑顔でにぎわうカフェがある。その名は「ニワトコ」。和食の昼ごはんと、果物のホットケーキが味わえる、尾﨑有希子さんの店だ。

「子どもの頃から、味噌や醤油を使った和食が好きだった」という尾﨑さんは、富山市にあるホテルの日本料理店に就職。友人に頼まれたケータリングで、メニューを考え自由につくる楽しさ、料理が人を笑顔にするよろこびを知った。

「自分らしい料理で多くの人を楽しませたい」と、店を持つことを計画するように。ケータリングで実績を積み、２０１１年4月、念願がかなう。

「尾張町を選んだのは、観光地や繁華街と違う、落ち着いた雰囲気が好きだから。ここなら、お客さんにゆっくりしていただけると思いました」

「隠し味は何？」とたずねるお客さんに笑顔で答える。そんな会話のやりとりがなによりも楽しい。

近江町市場が近く、新鮮な食材を手軽に買えるのも大きな魅力。長屋の空き物件を紹介してもらい、すぐに入居を決めた。

尾﨑さんの料理は、「ありそうでない味」と評判が高い。メニューはさんまの煮付けや野菜の天ぷらなど馴染みのあるものばかり。けれど、何かが違う。さんまの煮付けにはあぶった唐辛子を加えて臭みを消したり、きゅうりの酢の物に胡麻油を足してまろやかにしたり、ひと手間を大事にしている。脇役の味噌汁にも、柚子やしょうがで香りをプラスする。

料理を盛る器選びにも工夫が。手頃な日用食器を使いつつも、ひと皿だけ作家ものや上等な器を加える。たとえば汁椀だけ漆器にすることで、特別な雰囲気を演出している。

「お客さんに少しでも楽しんでもらえるよう、何ができるかな

酒屋の土間だったところの壁と天井を真っ白に塗り、清潔感のある空間に。無垢材のテーブルと椅子もよく映える。

といつも考えています。味はもちろん、見た目も香りも楽しめる料理をつくっていきたい」

　尾﨑さんにとって、毎月開催している夜ごはんイベント「夜トコ」も大切。夜トコは食事の楽しみ方を提案する場。ワインに合う料理、季節の行事に合わせた料理など、毎回テーマを設けて、コース料理を用意する。テーマに合わせて、器や花もコーディネート。空間しだいで食事がもっと楽しくなることを、お客さんに実感してもらう。

「先日、お客さんから『家でニワトコごっこしたよ』といわれて。ここでお伝えしたことが、少しでもお役に立っているんだなと、うれしくなりました」

　忙しいサラリーマンも家事に追われる主婦も、ニワトコを訪れた人はみんな笑顔になっていく。尾﨑さんのおいしい料理と楽しいひとときに、おなかも心も満たされて。

鏡のイラストは、ニワトコをイメージしてデザイナーに描いてもらった。

秋限定「いちじくのホットケーキ」(850円・税込)。ぜんざいやフルーツパフェも。

(住)金沢市尾張町1-9-7-1
☎076-222-2470
(営)10：30～18：00
(ランチ11：30～15：00、ホットケーキなどの喫茶メニューは15：00～)
㊡木曜、不定休
最寄りバス停／尾張町
MAP→P150-D3

「ギャラリー三田」(P144参照)の洋館は、この町で一番好きな建物。

“洋館と町家が混在する ハイカラな情緒が好き”

加賀野菜がほしいときは、近江町市場の「北川食品」へ。

003

自家焙煎珈琲店｜金沢市辰巳町

cowry coffee

門脇 悠さん

忙しい日々の中に
ひとときの豊かな時間を

大通りを離れ坂道を下ると、景色は一変する。目の前に広がるのは、緑の森や田畑が残る里山の風景。金沢の中心部から車で20分とは思えないほど静かな場所に、「カウリィコーヒー」はある。オープンは週に3日ほど。コーヒーは2種類のみを、週替わりで用意している。

「いつも新鮮な豆でコーヒーを提供したい。だから毎週、その時季においしい旬な豆を厳選して仕入れ、営業日に出す分だけを焙煎するようにしています」

店主の門脇悠さんは京都府出身。コーヒー好きの祖父の影響で、小学生の頃から豆を挽いて淹れるように。金沢には、大学への進学を機に移り住んだ。

「この町にはおいしいコーヒー屋さんが多くて、いろいろ巡るうちにさらにはまってしまって。バイトで貯めたお金で手回し焙煎機を買って、毎晩のように自

(上、右、左)「この建物は、大家さんである腕利きの大工さんが、こだわって一人でつくったもの。建物もロケーションもひと目で気に入りました」。“cowry”とは“タカラガイ”の意味。昔、コーヒー豆の産地でもあるアフリカ諸国では、何世紀にもわたり貨幣(貝貨)として使われていた。「価値を考えるきっかけを提供できればと名づけました」

焙煎機は県内の鉄工所でつくってもらった鋳物製。直火ではなく遠赤外線で焼くため、豆の中まで火が通り、えぐみも出ない。800 g ずつ30分かけてじっくり焙煎。

ハンドピックは全体的に美しくなるまで。やりすぎても味が単調に。

焙煎からドリップまで 味の追求にゴールはない

店内には、門脇さんが集めたミルなどのコーヒー道具が飾られている。

お客さんの表情を見て、淹れ方を微妙に調整。
「その人に合わせた一杯をお出ししたい」

宅で焙煎していたんです。学校にはあまり行かずに(笑)」

そんな焙煎に打ち込む門脇さんにひかれて、声をかけてくれる人たちがいた。

「ギャラリーやアンティークショップなどのオーナーの方にお誘いをいただき、いろいろな場所で出張カフェをやらせてもらいました。その売り上げで次の豆を買って、新たな焙煎方法を試してみる。そんな〝実験〟を大学の4年間に重ねられたことが、とてもいい経験になりました」

今でも実験は続いている。「その探求心の源は？」とたずねると、「自分がおいしいコーヒーを飲みたいだけなんです」と笑う。

「カフェをやろうと思ったのも、同じ理由で。1回焙煎すると一人では飲みきれない量の豆ができる。身勝手に聞こえるかもしれませんが、お客さんにも飲んでもらえたら、常にぼくも新鮮なコーヒーが楽しめるかなって」

歩いてすぐのところに、美しい犀川が。「カメラを持って散歩するのが好きですね。ぼくがゆったりしていないと、お客さんにもくつろいでもらえないと思うんです」

2013年9月、卒業した年にカウリィコーヒーをオープン。取材当日も、多くの人がここを訪れていた。

「せっかくの休日にここまで来てもらうのだから」と、門脇さんは焙煎前後と淹れる直前の3回、ハンドピックを行う。コーヒーは、一杯にたっぷり40gの豆を使い、短い時間で抽出。そうすることで、まろやかで甘みの濃いコーヒーが生まれる。

「忙しい日々の中でコーヒーを飲むために時間をさくって、とても豊かなことだと思うんです。だからこそおいしいコーヒーはもちろん、空間や音楽を含めてゆったりと過ごせる場所を提供し続けていきたい」

閉店時間を過ぎた頃、その坂を上ってお客さんは日常へと戻っていく。忙しい毎日に、少しでもやすらぎを届けられるようにと願いながら、門脇さんは今日もコーヒーと向き合う。

現在でも、さまざまなイベントに出店。写真は、豆を卸している「山鬼文庫」(P81参照)での出張カフェの様子。

祖父から受け継いだスピーカーから流れるのは、ジャズなどのレコード。店内にはピアノもあり、演奏会も開催。

(住) 金沢市辰巳町7-241
☎ 070-6547-6371
(営) 夏期12:00〜19:30（L.O.19:00）
冬期12:00〜18:30（L.O.18:00）
(休) ブログに記載
駐車場6台
最寄りバス停／犀川小学校前
http://cowrycoffee.blogspot.jp
MAP→P148-D4

濃厚なコーヒーに合うように、ケーキにはチョコレートをたっぷりと。スイーツも週替わりで。

おいしいコーヒーとごはんを

町の人に愛されるカフェ

金沢の人が足しげく通う、人気の10店を紹介。

ひらみぱん [せせらぎ通り]

ランチ　ディナー　自家焙煎

大正時代の鉄工所の建物をカフェに

昼にはキッシュなどのランチセットとプリフィックスのコースが、夜には前菜から肉料理まで気軽なフレンチが楽しめる。地元酒蔵の米麹などからおこした酵母でつくったパンも販売。

㊟金沢市長町1-6-11　☎076-221-7831　㊖モーニング／8：00～11：00(L.O.10：30)、ランチ／12：00～14：00、カフェ・軽食／14：00～18：00、ディナー／18：00～22：30(L.O.21：30)　㊡月曜　駐車場1台　最寄りバス停／南町・尾山神社　MAP→P151-B4

1

2

1.洋館のような外観は、以前のたたずまいのままに。
2.内装はフランスの古い建物などを参考に。

ランチタイムのキッシュセット(1500円・税込)。野菜は近江町市場から。

CAFE DUMBO [せせらぎ通り]

ランチ　ディナー　自家焙煎

ブルックリンにあるような雰囲気を

東京で北欧家具のリペアをしていた小寺隆志さんと、ニューヨークに住んでいたことのある美希さんが開店。オムレツや日替わりランチのほか、アメリカの味を再現したケーキや焼菓子も。

カフェ ダンボ
㊟金沢市香林坊2-11-6　☎076-255-6966
㊖9：30～19：00　㊡火曜、不定休
最寄りバス停／香林坊
MAP→P151-B4

1

2

1.二人の好きを集めた空間。2.スパイス香るタコライス(787円)とビーツを使ったケーキ(426円)。

無骨な雰囲気の店内には、隆志さんが集めた北欧家具を配置。

シアトルのカフェで働いていた大徳裕子さんとご主人のソルさん。

curio ［安江町］

ランチ ディナー 自家焙煎

おいしいコーヒーと会話を楽しみに

2014年4月開店のシアトルスタイルのカフェ。コーヒーはお客さんとの会話を大切に、好みに合わせ丁寧に提供。地元パン屋の天然酵母パンを使ったポークサンドや具だくさんのスープも。

キュリオ　㊟金沢市安江町1-13　☎076-231-5543
㊔9：00～18：00(日曜10：00～)　㊡火曜
最寄りバス停／武蔵ヶ辻
http://www.facebook.com/CurioEspresso
MAP→P151-C3

1

2

1.食材はなるべく無添加のものを、コーヒー豆や牛乳は地元のものを使用。2.月1回、音楽イベントも。

クリームチーズが濃厚な「牛粗挽き肉のバルダンゴ」(1100円)。

季節の食堂 Fratino ［駅西本町］

ランチ ディナー 自家焙煎

日常的に楽しめる食事を、心を込めて

季節の食材をバランスよく使った、気どらないごはんが人気。お米や玄米は県内産の無農薬のものを。野菜やお肉もなるべく県内産を使用。週替わりのランチプレートや自家製スイーツも。

フラティーノ　㊟金沢市駅西本町1-3-5　☎076-207-4509　㊔11：30～15：00(L.O.14：30)、18：00～L.O.20：00(金・土曜L.O.21：00)
㊡月・火曜　駐車場12台　最寄りバス停／長田町
MAP→P149-B1

1

2

1.漆喰の壁は自分たちで。2.店内には、店主が集めた器や古道具が飾られている。食事は7～8種類を。

one one otta [池田町]

ランチ　ディナー　自家焙煎

おいしいコーヒーを気軽に楽しめる場所

2

3

金沢の街中にある6席だけのコーヒースタンド。コーヒーやフードが楽しめる。「いろんな人の時間が重なり出会いが生まれる場所になればうれしい」と店主の篠田さや香さん。

ワン ワン オッタ
㊟金沢市池田町三番丁29-3
☎076-255-3021
㊋10：00～18：00
㊡水曜　最寄りバス停／新竪町、片町
MAP→P153-C2

1

1.こぢんまりとした空間がお気に入り。2.出身地・札幌で焙煎された豆を使ったドリップコーヒー(350円)。手づくり焼菓子も。3.片町と新竪町の中間に。

橘珈琲店 [茨木町]

ランチ　ディナー　自家焙煎

豆の個性を最大限に引き出した一杯を

2

3

焙煎した豆を販売していた橘裕司さんが、淹れるところまで責任をもちたいと2011年に開店。濃くて個性がはっきりして、のどごしよく飲みやすいコーヒーを追求し続けている。

㊟金沢市茨木町56-3 鞍月舎1F
☎076-254-1819
㊋10：00～19：00
㊡水曜、第1火曜　駐車場1台
最寄りバス停／新竪町、本多町
MAP→P153-C2

1

1.フルーティーな豆の風味をいかしたスパークリング珈琲(700円)。2.橘さんは小2の頃からネルドリップを。3.豆は毎日焙煎して7～10種類を用意。

カフェ どんぐりの木 [武蔵町]

ランチ　ディナー　自家焙煎

築75年の建物をいかした町家カフェ

2

3

おばあちゃんのお家に来たような、懐かしい雰囲気。カウンターや壁板には、古民家の無垢材を再利用している。パフェや手づくりケーキなどのスイーツが人気。

㊟金沢市武蔵町16-19
☎076-255-1678
㊋10：00～18：00
㊡水曜、第1・3・5日曜
駐車場2台　最寄りバス停／武蔵ヶ辻
MAP→P151-C3

1

1.3.建具や箱階段は古いものを、入り口ドアにはステンドグラスを。2.白玉や紅茶ゼリーの上に小豆がのった黒みつきなこパフェ(ほうじ茶つき、720円)。

1

パンケーキカフェ fluffy［東山］

ランチ ディナー 自家焙煎

行列のできるパンケーキ専門店

アメリカでパンケーキに魅了された店長が、その味を再現しようと開いた店。地元産の卵と牛乳でつくった生地を、独自の方法でふわふわに焼き上げる。やわらかさに驚くはず！

2

3

フラッフィー
㊟金沢市東山1-23-10
☎076-225-8312
㊖ 9：00～17：00（L.O.16：30）
㊡月曜、第1・3・5金曜
最寄りバス停／橋場町　MAP→P150-E3

1.ほうじ茶パンケーキ（850円・税込）。鮭のクリームチーズなど食事メニューも。2.東山の裏路地という静かなロケーション。3.花街の面影が残る。

1

HUG mitten WORKS［駅西新町］

ランチ ディナー 自家焙煎

もちもちのベーグルサンドがやみつきに！

新鮮な野菜がたくさん入った、ベーグルサンドが一番人気。天然酵母をひと晩発酵させた、もちもちの生地は、ヘルシーで食べごたえも十分。無添加のスコーンやマフィンも絶品。

2

3

ハグ・ミトン・ワークス
㊟金沢市駅西新町1-1-29　☎076-207-9096　㊖11：00～19：00（ランチは～14：30、イートインは～18：00。L.O.17：00）　㊡金曜　駐車場15台
最寄りバス停／西念　MAP→P149-B1

1.高きびそぼろ＆かぼちゃのみそマッシュサンドのランチ（960円・税込）。2.焼きたてが並ぶ午前中がねらい目。3.オリジナル缶の紅茶。

1

珈琲屋チャペック［西都］

ランチ ディナー 自家焙煎

自家焙煎の老舗「バッハ」の味を金沢に

東出さん（P8参照）の師匠、松永茂さんの店。東京の自家焙煎珈琲店「バッハ」で学び、1985年に金沢で独立。以来、金沢のコーヒー文化を支えてきた。こだわり抜いた一杯は感動の味。

2

3

㊟金沢市西都1-217
☎076-266-3133
㊖10：00～19:00
㊡火曜　駐車場7台
最寄りバス停／県庁前
MAP→P149-B1

1.映画や音楽にくわしい松永さんとの会話も楽しい。2.穏やかな時間。3.ケーキは奥さんの手づくり。チーズスフレロールケーキ（250円・税込）など。

004

和菓子｜金沢市東山

吉はし

吉橋慶祐さん

茶室で育まれた伝統の味を、たくさんの人へ

藩祖前田利家の時代から、茶の湯を大切にしてきた金沢。「吉はし」は昭和22年の創業以来、季節を写した美しい見た目とお茶を引き立てる上品な味が評価され、茶席に欠かせない存在に。席主や料亭からの受注生産のみで、市販はしていない。そこで、もっと多くの人たちに楽しんでいただけるようにと市販専用のブランド「豆半」を立ち上げたのが、3代目の吉橋慶祐さんだ。

22才のとき、神奈川県で就職活動中だったが、母の富美代さんから「お父さんの代でたたもうと思う」と聞き、心が揺れた。「ずっと家族で続けてきた仕事だから、戻ろうと決心しました」

大学生活を経て、東京の製菓学校で2年間学び、2007年に帰郷。そこから、父・廣修さんとの修業の日々が始まる。

「とにかく厳しかった。朝4時から仕事が始まり、ほぼ一日じ

(上)秋の茶席用につくられた、錦秋がテーマの和菓子。(右下)体温で生地が傷まないよう、素早く模様をつける。
(左中)朝４時から作業し、９時にはお客さんに配達。(左下)代々受け継がれる、数々の焼き印が伝統を物語る。

ゆう立ちっぱなし。最初の3カ月で体重が10kgも減るほど、しごかれました」

そんなある日、市販していないことを知らずに遠方から来たお客さんが、残念そうに帰っていく様子を目にする。

「本当に申し訳なかった。そのとき、みなさんにお渡しできるものをつくりたいと思いました」

その思いは、家業を継ぐため名古屋に修業に出ていた弟の太平さんが戻ってきたのを機に、実現へ動き出した。

「吉はしの味に、自分たちが学校や修業先で学んだ知識をいかし、おやつとしても楽しめるものをつくろうと提案しました。父も『味はわしが見るから、二人でやってみろ』といってくれたんです」

お菓子に小豆を使うこと（＝豆）と、半人前の二人がつくること（＝半）の意味を込めて、名前は「豆半」に。少しずつ試作を

豆半のどらやきを製作中。弟・太平さんが皮に餡をはさみ、慶祐さんが紙に包む。二人の息はぴったり。

どらやき、かんごおり、うきしま、ゆべしなど、豆半はお土産としても人気。季節ごとに商品は変わる。

豆半は吉はしの店頭でのみ販売。太平さんの奥さん、真美さんが笑顔でこたえてくれる。慶祐さん作のロゴにも注目。

町家が残る東山で育った。「観光地のメインストリートより、人の暮らしを感じる裏路地が好きですね」

重ね、今ではどらやきなど10種類ほどを販売している。

「常連さんが、旅先で見つけたお菓子を参考に持ってきてくれたり、食べた感想を教えてくれたり。母からも新作のアイディアを提案してくれるんです。みんなに支えられていると実感しますね」

一方、吉はしの修業は今なお続いている。お客さん一人一人の要望を聞き、期待以上の和菓子を提案すること。それが吉はしの使命。茶席の場合は、お茶の個性、器との相性、掛け軸や生け花とのバランスも考えなければならない。そのため、自ら茶席に参加して、席主や参加者の感想を聞き、和菓子づくりにいかしている。

「吉はしでは一日も早く、今のお客さまに認めていただけるように。豆半はもっと多くの方に知っていただけるように。どちらも精進を重ねていきます」

(住)金沢市東山2-2-2　☎076-252-2634
(営)9：00～17：30頃　(休)日曜・祝日の午後
駐車場２台　最寄りバス停／橋場町
MAP→P150-E3

［吉はしの和菓子が楽しめる店］

金沢白鳥路 ホテル山楽　ティーラウンジ「パルティ」
→P145参照

漆の実　→P142参照

江戸時代から続く釜師、宮崎寒雉（かんち）氏の茶席にて。「茶室の明るさや、器からのとりやすさも確認します」

開人さん夫婦とご両親。４人の笑顔もオフクの魅力。

005

洋菓子＆和菓子｜金沢市広坂

PÂTISSERIE OFUKU

西川開人さん

90年以上愛される和菓子屋の、新しいカタチ

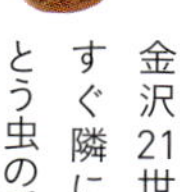

金沢21世紀美術館のすぐ隣にある、てんとう虫の看板が目印の店。ショーケースにはケーキと一緒に上生菓子も並ぶ。ここはパティシエ・西川開人さんが営む「パティスリー オフク」。

父・健一さんまで、94年続いた和菓子屋「お婦久軒」を、4代目の開人さんが洋菓子と和菓子の店として、2013年にリニューアルオープンした。

子どもの頃から料理が好きだった開人さんは、東京の大学に進むも、お菓子をつくりたいと東京の製菓専門学校に入学。「和菓子は親父に学べるから」と、あえて洋菓子の道を選ぶ。世田谷の洋菓子店「アルパジョン」で5年、「マンダリンオリエンタル東京」で5年修業。ある日、健一さんが体調をくずしたと聞き、帰郷することに。

「そのとき、親父と一緒に働きたいと強く思いました」

朝10時、ショーケースに和菓子とケーキが並ぶ。

ホテル時代に学んだ技術でケーキを均一に仕上げる。

店内は季夏さんと母・幸子さんが切り盛りする。

幸い体調が回復した健一さんから、「店は好きにしていい」といわれたが、開人さんはこれまでどおり和菓子も出すと決めた。「親父の和菓子が好きな方もたくさんいます。だから、親父には和菓子をつくり続けてほしい」

洋菓子は「食べたことのない新しい味を」と徹底的に食材にこだわる。県内はもちろん、愛知県や長野県にも足を運び、生産者と会って納得した食材だけを仕入れるようにしている。

「生産者が本当にいいものをつくっていても、スーパーでは手に入らない食材はたくさんある。その味をみなさんに伝えたい」

仕事がどれほど忙しくても、毎日新しい食材と向き合い、新作に取り組む。そのため、仕事中は休憩をほとんどとらない。

「いい食材でつくったケーキがおいしいのは当たり前。でも、それではぼくがいる意味がない。修業時代に学んだ技術と経験で、今

“地元の人に毎日通ってもらえる
お店をつくりたい”

よりさらにおいしく、みなさんにお届けしたいと思っています」

　そんな開人さんを陰で支えるのが、奥さんの季夏さん。季夏さんも東京の洋菓子店やカフェで経験を積んだ洋菓子のプロ。試食は必ず行い、少しでも気になる点があれば指摘する。

「ぼくのお菓子を一番理解している人。彼女なしでお店はできない」

　オープン当初は店の形態が変わったことにとまどうお客さんもいたという。しかし、最近は和菓子のお客さんがケーキを買ってくれたり、評判を広めてくれたり、うれしいことも増えてきた。

「地元の人に愛されるお店をつくりたい。そのためには妥協せず、走り続けます」(開人さん)

「息子にはお客さんを大事にして、日々を積み重ねてほしい」と健一さんは語る。店の形態は変わっても、地元の人を思う気持ちはしっかりと受け継がれている。

(上) 開人さんが惚れ込んだ、石川県かほく市にある「ファームあさだ」のいちじくでつくった「バナーネタルト」。(下) 2階は金沢21世紀美術館が望める、イートインスペース。

3代目がつくる創業以来の名物メニュー「あんドーナツ」。やさしい甘さが人気で、夕方にはほぼ売り切れる。

ジャンルは違ってもアドバイスし合う二人。「親子というより、職人どうしの関係です」

㊟金沢市広坂1-2-13
☎076-231-6748
㊫10：00～19：00
㊡月曜、火曜不定休
最寄りバス停／広坂・21世紀美術館
MAP→P153-C1

006

パン｜金沢市大手町

BOULANGERIE mashi mashi

藤元一栄さん・理佳さん

地元の人に愛される
町のパン屋さんを目指して

朝5時、まだ薄暗い町に、一軒の建物に明かりがともる。厨房で素早く生地をこねるのは、店主の藤元一栄さん。毎日8時間ほどで、約40種類のパンを一人で焼き上げる。

金沢城のほど近くに、「ブーランジェリーマシマシ」はある。一栄さんは、石川県の小松市出身。大学卒業後は、建設会社で働いていた。パンづくりの道に進んだのは29才のこと。都内のパン屋で13年間、修業を積んだ。

「パン屋さんって楽しそうと軽い気持ちで働き始めたら、朝は早いし一日じゅう立ちっぱなし。でも、やめたいと思うことはなかったんです。この仕事には終わりがなくて。もっとこうしたら食感や風味がよくなるんじゃないかって、何年たっても工夫を重ねられるのが楽しい」

朝8時、開店とともに近所の人が続々と訪れる。接客は、奥さんの理佳さんが担当。棚にはバゲットやドイツパンと一緒に、コロネやクリームパンも並ぶ。

「ぼくはハード系のパンからお菓子パンまで、あらゆる年代の方に、毎日飽きずに食べてもらえるおいしいパンを届けたいなと思っています」

添加物やマーガリンの使用は極力抑えながら、パンの風味に欠かせないバターや卵はふんだんに使う。高級な食材はあえて使わずに小麦粉のブレンドを工夫したり、温度管理を徹底したり、丁寧な仕事で安くておいしいパンに仕上げている。

昼12時過ぎ、近くで働く人たちが「いつものください!」とやってくる。午後には親子連れが「この子がここのメロンパンじゃなきゃイヤだって」と話しながら、袋をかかえて帰っていく。

開店から2年、ブーランジェリーマシマシのパンは確かに、この町に根づき始めている。

(右上) クロワッサン (167円) は人気商品の一つ。ひと口食べれば、口じゅうにバターの風味が。(右下) カリカリの皮が歯切れよく、おいしいバゲット(259円)。(左) 40種類のパンを次々とつくっていく一栄さん。作業工程は、分刻みで決められている。

㊟ 金沢市大手町2-25 レジデンス大手門102　☎ 076-254-6743　㊫ 8：00～18:00(商品なくなりしだい終了)　㊡ 月・火曜　最寄りバス停／尾張町　MAP → P150-D4

ディスプレイやポップは、都内でデザインの仕事をしていた理佳さんが。二人は東京で出会い、結婚。一緒に金沢に移り住み、開店準備も二人で行った。休日には多くの観光客も。また、店名の「マシマシ」は、金沢の方言「来まっし、食べまっし」(来てね、食べてね)の語尾から。「みなさんに愛着をもってもらえる店に」という思いが込められている。

旅の甘い思い出に

お菓子を食べてちょっと一服

町に愛される小さな名店。
手づくりの味にほっと心が和みます。

和菓子

1

2

月天心 ［東山］

イートイン

季節ごとに訪れたい東山の和菓子店

伝統的でありながら、素材や製法を研究し、味を高めた生菓子を中心に用意。春には桜餅や柏餅、夏には麩まんじゅうやかき氷、秋には栗きんとん、冬はいちご大福など、季節感も大切に。

つきてんしん
㊟ 金沢市東山3-10-2
☎ 076-252-0287
㊍ 10：00～19：00
（売り切れしだい閉店）
㊡ 火曜、水曜不定休
駐車場1台
最寄りバス停／橋場町
MAP→P150-D3

3

1.小豆の風味がいきた「かのこまめ」（左）と「あかねさす」（右）、和ぐるみが入った「くるみわる」（奥）。2.定番のどら焼き。3.品切れの場合もあるので確認を。

1

2

3

1.きな粉も香り高い本わらびもち（910円・税込）と、のどごしが楽しいくずきり（750円・税込）。2.城の石垣を借景に。3.地元職人の技が光る。

つぼみ ［柿木畠］

イートイン

全国から素材を厳選。料亭が営む甘味処

金沢の料亭「杉の井」が、2005年に開店。本わらび粉や本くず粉などの食材は、日本中から良質なものを厳選。空間や器もおいしさを引き立てる。五郎島金時芋のぜんざいや、かき氷など季節の甘味も。

㊟ 金沢市柿木畠3-1
☎ 076-232-3388 ㊍ 11：00～19：00
㊡ 水曜　最寄りバス停／香林坊、広坂・21世紀美術館
MAP→P153-C1

たいやき・たこやき中尾 [小立野] お持ち帰りのみ

1.生食用のたこを贅沢に使った大粒のたこやき（8個350円・税込）。2.餡は十勝産の小豆と麦あめでやさしい甘さに。3.「こだわりと心意気を込めて」と店主。

創業60年。手づくり、できたてを大切に

一日かけて炊いた粒餡をはじめ、クリームや抹茶クリーム、ココア、たこやきのソースなど、中身も生地もすべて自家製。注文を受けてから焼くことで、アツアツのおいしさのままに。夏は冷やしあめも。

(住)金沢市小立野3-24-34 (営)10：30～18：00 (休)日曜・祝日 駐車場1台 最寄りバス停／小立野三丁目
http://www16.plala.or.jp/taiyakitakoyaki MAP→P152-F4

戸水屋 [寺町] お持ち帰りのみ

1.六方焼（121円）、おはぎ（121円）。小豆、もち米は国産。2.その日の朝につくった和菓子のみ販売。3.大正10年築の歴史的価値の高い建物。

加賀前田家藩主もうならせた、秘伝のあんこ

「うちはあんこが命」というご主人。160年以上受け継がれるその味は、加賀前田家藩主から褒賞を授かったほど。小豆本来のおいしさを大切にするため、保存料は一切使わない。必ず当日中に召し上がって。

とみずや
(住)金沢市寺町2-3-1
☎076-241-1890 (営)9：00～19：00
(休)月曜 最寄りバス停／寺町二丁目
MAP→P153-C3

中島 [兼六元町] イートイン

1.おぼろ月（3枚入り371円）、兼花苑（4個入り556円）。兼花苑はくるみを白餡で包んだ逸品。2.季節の生菓子やどら焼きも。3.老舗の風格。

金沢の美しい風景を和菓子に託して

兼六園のすぐそばに立つ、1881年創業の老舗。兼六園から見る月をイメージした「おぼろ月」をはじめ、上品な和菓子を手づくりする。おぼろ月にはさんだ塩味の餡は、創業当時からのこだわり。

(住)金沢市兼六元町1-14
☎076-231-6534
(営)9：00～18：00 (休)不定休
駐車場2台 最寄りバス停／兼六園下
MAP→P150-D4

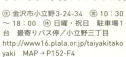

ピュイダムール ［幸町］

お持ち帰りのみ

金沢の人に愛される洋菓子店

2

3

新竪町の奥にある小さな洋菓子店。店主は時代に合わせ研究を重ねながら、味はもちろん、見た目も美しいケーキを提供。フレジェやシブスト、タルトタタンなど伝統的なフランス菓子が中心。

㊟金沢市幸町13-25
☎076-232-0251
㊑10：00～20：00
㊡水曜　最寄りバス停／幸町
MAP→P153-C3

1

1. ふわふわのクリームにソテーしたりんごが入ったシブスト（370円）と、いちごたっぷりのフレジェ（370円）。2. 焼菓子も充実。3. かわいい看板が目印。

堀田洋菓子店 ［扇町］

お持ち帰りのみ

美容と健康にいい糖質オフのケーキ

2

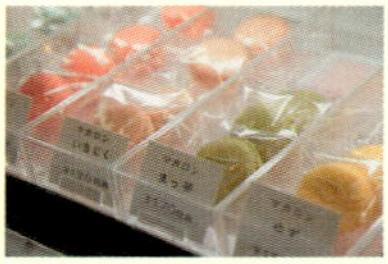

3

カロリーが気になる人でも気軽に食べられる、糖質オフのケーキやシュークリームを販売。砂糖と小麦粉を使っていないのに、しっかりと甘く、食べごたえもある。ケーキはベリー系をはじめ約8種類。

ほりたようがしてん
㊟金沢市扇町1-3　☎076-231-2657
㊑10：00～19：00　㊡火曜
駐車場2台　最寄りバス停／小将町
MAP→P152-E1

1

1. ラズベリームース（486円）、ショコラ（486円）。2. 大野醤油味や味噌味など、お土産に人気のご当地マカロン。3. 先代が1950年に創業。

ロンシャン ［弥生］

イートイン

世界に認められたパティシエの味

2

3

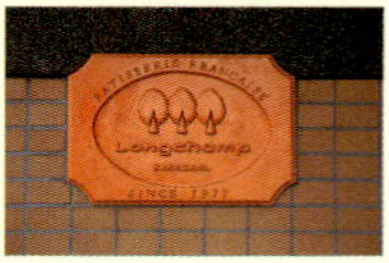

東京、パリで修業し、コンテストで優勝経験をもつパティシエ・加藤大地さんの店。高い技術と厳選素材でつくるケーキは、宝石のように美しく味わい深い。お土産には焼菓子やショコラがおすすめ。

㊟金沢市弥生2-7-28
☎076-243-3011　㊑10：00～19：30
㊡火曜　駐車場4台
最寄りバス停／泉二丁目
MAP→P153-A4

1

1. 手前のアンジュ（460円・税込）は2009年アジアペストリーチームコンテスト優勝。奥はモガドール（395円・税込）。2. ケーキ約15種類。3.1977年創業。

パン

1

YAMANEKO ［西念］

お持ち帰りのみ

研究熱心なご主人がつくる絶品パン

恵比寿のロブションや天然酵母専門店などのベーカリーで修業したご主人・岡﨑俊裕さんの店。ハード、デニッシュ、フォカッチャなど約50種類を販売。進化し続けるおいしさに毎日通うファンも多い。

ヤマネコ　㊟金沢市西念4-19-26 1F
☎076-232-7785　㊖9：00～19：00（売り切れしだい閉店）　㊡火・水曜
最寄りバス停／駅西合同庁舎前
MAP→P149-B1

2

3

1. 総菜パンもスイーツ系もすべてご主人の手づくり。
2. 店頭では奥さんがおいしい食べ方を教えてくれる。
3. 店名はご主人の好きな映画『山猫』から。

1

favori ［尾張町］

お持ち帰りのみ

食べた人が幸せな気持ちになるパンを

マフィンやスコーン、ビスケットは週替わりで。小豆とショコラなど意外な素材を組み合わせ、おいしく楽しいパンを提供。国産小麦やオーガニックの砂糖など、素材はなるべく体にやさしいものを。

ファヴォリ　㊟金沢市尾張町2-6-36
☎076-223-2381　㊖10：30～17：30（売り切れしだい閉店）　㊡日・月曜
駐車場1台　最寄りバス停／尾張町
MAP→P150-D3

2

3

1. 手前のいちじくとくるみ、レーズンのライ麦パンは定番商品（380円）、ビスケットも人気（250円）。
2.3. 祖母が呉服屋を営んでいた町家を受け継いで。

1

ワタナベヤ！ ［尾山町］

お持ち帰りのみ

尾山神社の路地裏にある小さなパン屋さん

低温長時間発酵で2日間かけてつくる蒸しパンから、菓子パン、ハード系までがそろう。地元のコンカイワシを練り込んだフランスパンや能登の塩を使ったクッキー、卵・乳製品を使わない食パンも。

㊟金沢市尾山町12-16
☎076-231-1232
㊖9：00～18：00　㊡金曜
最寄りバス停／南町・尾山神社
MAP→P151-C4

2

3

1. 蒸しパンは抹茶小豆やオレンジチョコなど7種類（150円～）。2. 尾山神社の門のギヤマンをイメージしたクッキー（140円）。3. オレンジ色の壁が目印。

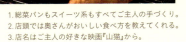

CHAPTER.2

雑貨・
アンティーク

Zakka & Antique

歴史あるものと新しいものが
日常の中でとけ合う金沢。
そんな町の空気が感じられる
アンティークショップや
古道具店、雑貨店を紹介します。

PRICE
SIZE
1973
СССР
ЛУНА
20
18-III
1965г
ВОДНОЕ ПОЛО
САЛЮТ
СОЮЗ-11

007

雑貨｜金沢市新竪町

benlly's & job

田中義英さん

雑貨店という枠にしばられず
オーダーメイドの商品も

魚屋や八百屋、薬局など、古くから続く商店とともに、アンティークショップやギャラリーが軒を連ねる新竪町商店街に、田中義英さんが営む「ベンリーズ&ジョブ」はある。

店内には、ヨーロッパから仕入れたアンティーク雑貨をはじめ、文房具や紙もの、カトラリー、洋服などがずらり。田中さんが手がけたカメラストラップや、財布などの革の作品も並ぶ。

岐阜県出身の田中さんは、就職を機に金沢へ。デザイン会社のクラフト部門で働き始めたとき、一つの転機が訪れた。

「展示会の打ち合わせなどで、作家さんとお話する機会が多くて。当時の自分とはまったく違うベクトルで、たいへんながらも楽しそうにものづくりと向き合う方たちから、とても刺激を受けました。いつか自分も、その道を歩めたらと思ったんです」

スウェーデンのミルクピッチャーやアメリカのゴム手袋の型なども。「まだ、みんなが目にしていないものを扱いたい」

(右)クリップボードやノート、ペンケース、ハンコなどの文房具も充実。
(左)「bi cycle business」の名で展開しているパターンオーダーのシャツは、オーダースーツのシャツ工房に話を持ちかけたことで実現。

クラフトの店で働きながら、田中さんは独学で革の作品づくりを始める。そのときから、屋号はベンリーズ＆ジョブ。

「道具として何が大切かと考えたとき、〝便利〟で〝丈夫〟なことだよなと思って。そこから名前をつけました」

田中さんにはもう一つ、やりたいことがあった。高校の夏休みに、渋谷や銀座にまで買いに出かけるほど、田中さんは雑貨が好きだった。いつか自分の店をという思いが、形になったのは32才のときのこと。

「クラフトの仕事も楽しかったのですが、当時はまだ、一般の人にとって作家さんの器などは敷居が高い存在で。もっと生活に身近で、ちょっとひねりがあるものがそろうお店を、やってみたいと思ったんです」

1994年、新竪町にベンリーズ＆ジョブを開いてからは、お客さんとの会話や店の運営が楽しくて、だんだんとものづくりから離れていった。

(右)店の2階にある工房。古いものを直すのが好きだという田中さんが集めた、自転車のパーツも。(左上) 50年以上前の「SEIKO」の足踏みミシン。今も現役で活躍。(左下)カード類がまとめて収納できて使いやすい財布は、田中さんの作品。

「6年ほどが過ぎたとき、ある取材で、『ここでしか買えないものは？』とたずねられて、ハッとしました。そのときからですね。もう一度、革の作品づくりに力を入れ始めたのは」

それから14年。田中さんは、自身の作品に加えて、オーダーメイドのシャツなど、今後はその人のためだけに届ける商品を増やしていきたいという。

「注文を受けてから一点一点つくるので、『bicycle business』（自転車操業）と名づけました。シャツは、自転車で行ける距離にある工房にお願いしています。つくり手はその方のために心を込めてつくることができる。お客さんは、でき上がりを待つ時間もきっと楽しい。売り手は在庫をたくさん持たなくてもいい。みんながうれしいこのサイクルを、広げていきたいですね」

5年前に新竪町にできた食堂「Parlour KOFUKU」(P144参照)の二人と。新竪町商店街では「コーヒー大作戦」など、さまざまなイベントも開催(P146参照)。

㊟金沢市新竪町3-16　☎076-234-5383
㊢11：00～19：00　㊡水曜、第2火曜
最寄りバス停／新竪町、幸町
MAP→P153-C2

家具や小物は、1900年代初頭のチェコやドイツのものが中心。

008

アンティーク&農家｜金沢市香林坊

SKLO

room accessories

お米農家skuro

塚本美樹さん

新たな価値を見つけ出す感性を大切にしながら

金沢の中心部、カフェや雑貨店などが立ち並ぶ、せせらぎ通りの裏路地に「SKLO（スクロ）」はある。店内には、店主の塚本美樹さんが定期的にヨーロッパへ足を運び、蚤の市や倉庫から直接見つけてきた、アンティーク家具や小物が並ぶ。

「ぼくは古いものを扱っているという意識はなくて。まだ世の中に知られていないものを自分の感性で見つけ出し、新たな価値を提案したいと思っています」

アンティークショップや家具屋と名乗らないのは、見る人の視点を固定したくないから。

「椅子を花台に使ってもいいし、切り株を椅子にしてもいい。自由な感性で、新たな価値を見つけてもらえたらうれしいですね」

10年前に店を開いたとき、塚本さんにはもう一つ決めたことがある。それは、子どもの頃から手伝ってきた農業を、本格的に受け継いでいくこと。

金沢の隣の津幡町にある、七《しち》黒《くろ》という山里の集落で、塚本さんは生まれ育った。七黒では、多くの家が代々農業を続けてきた。しかし、時代の流れとともに、一軒また一軒と農業をやめる家が増えている。

「農業をする人がいなくなったら、これまでの集落の景色も、豊作を祈る祭りの意味も、すべてが失われてしまう。七黒は、ぼくのベースとなる場所。守り続けていきたいと思ったんです」

現在、塚本さんは父親と二人で、完全無農薬の黒米や、農薬の使用を半分以下に抑えたコシヒカリなどを栽培。七黒の「黒」からとった「skuro(スクロ)」の名で、金沢はもちろん東京など全国の人に直接販売している。

「父親と活用可能な土地や建物の把握も進めています。農業に興味のある人たちの移住や田畑、建物の活用が進めば、地域にいい変化が生まれると思うんです」

(右)白熱電球は、失われていく魅力を残したいと、職人とつくったオリジナル。
(左)せせらぎ通りのポケットパークで、定期的に開かれているサンデーマーケット。アンティークをはじめ、雑貨や古本、カフェなどが。

上の階にはガラスの照明器具や額など、展示を待つ古いものがずらり。SKLOとは、チェコの言葉で「ガラス」という意味。

自分らしく
ここで生きていく
仕組みづくりを

柿や梨、いちじくなどの果樹も栽培。いずれは、はちみつづくりも手がけたいそう。

塚本さんはアンティークに光を当てるのと同じように、建物や田畑、里山など、集落にあるものに新たな価値を見出そうとしている。たとえば、お米の新たな活用法や可能性を探るなど、まずは自身が実践していくことで、ここで農業を続けながら生きていくモデルをつくりたいという。

一方、SKLOでは、せせらぎ通りに店を構える店主たちとマーケットを開催。町の日常の風景になることを目指している。

「個人のお店が根づいている町は、魅力的だと思うんです。ぼくはせせらぎ通りでも、やりたい仕事を楽しみながら生きていくことを体現していきたい。それを少しでも、下の世代に伝えていけたらと思っています」

バトンを受け継ごうとしている農業の仕事、バトンをつないでいこうとしている町の仕事。塚本さんにとって、どちらもかけがえのない大切なこと。

手植え、手刈りと手間暇かけて育てた黒米は、色の薄い米をハンドピックしてから販売。

父親の美義さんと。田んぼの水の出し入れのタイミングなど、学ぶことは多い。

神社から七黒の集落を望むこの景色が、子どもの頃から好きだった。

東京でアパレルブランドの空間展示の仕事も、塚本さんは手がける。外から金沢や七黒を見ることで、気づくことは多い。

SKLO
(住) 金沢市香林坊2-12-35
☎ 076-224-6784
(営) 11：30〜19：30
(休) 水曜
最寄りバス停「香林坊」
http://www.sklo.jp
MAP → P153-B1

お米農家 skuro
http://skuro.thebase.in

009

器＆古道具｜金沢市三口新町

きりゅう

桐生洋子さん

今の暮らしに似合う
ふだん使いが楽しめる器を

金沢市の中心部から車で10分ほど。静かな住宅街の一角に「きりゅう」はある。店内には古い陶器や漆器、ガラスの器がずらりと並び、手頃な値段のものも多く、思わずワクワクしてしまう。

「色合いや形がきれいだったり、かわいい模様が描かれていたり、そんな器が好きですね。暮らしの中で使って楽しめる器が」

そう話すのは、店主の桐生洋子さん。新潟県出身の桐生さんは結婚を機に金沢に移り住み、子ども服の店を20年営んでいた。その後、料理店を開きたいと、寿司屋で修業したことも。

「料理も洋服も器も、同じくらい好きなんです。私は、暮らしに根ざしたことに興味があって。たとえば、お気に入りの土鍋でご飯を炊いたり、好きな洋服を着て出かけたりしたらうれしいですよね。幸せって、そんな日常の中にあるんじゃないかな」

料理の道ではなく今の仕事を始めたのは知人の誘いがきっかけ。初めて骨董の市場へ行ったとき、古い器のとりこになった。

「古伊万里などの高価な器もすてきだけれど、骨董商が見向きもしないふつうの器のなかにも、形や柄がすてきなものがたくさんあって。目にしたとたん、料理を盛るイメージがどんどんわいてきたんです。私が扱いたい器はこれだ！と思いました」

店内の奥には漆器がずらり。家具や古道具、着物なども扱う。

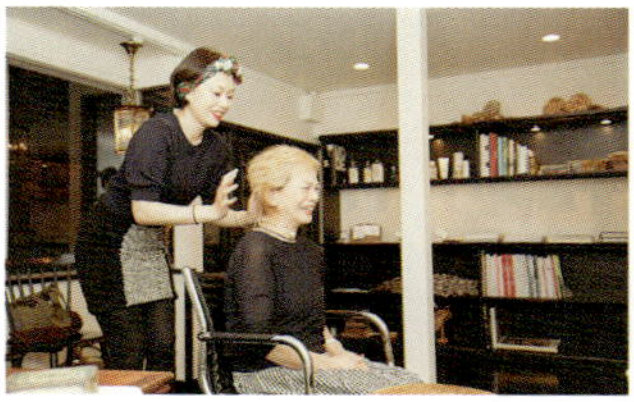

（右）ガラスの器やグラス、小瓶なども充実。（左）新竪町のお気に入りの美容室「soixante-deux」（P145参照）へ。「店主の林さんも飲み友だちの一人なんです」

自分の感覚を信じて、いいなと感じた器を仕入れ、スーパーの催事などで販売すると、多くの人が購入してくれた。そして、3年が過ぎた2001年、この場所にきりゅうをオープンした。

「私が『自宅で使いたいくらいすてき！』と思って仕入れた器を、お客さまにも気に入ってもらえたときは、とてもうれしい。一方で、誰にも共感してもらえなかったらどうしよう、という不安も常にあるんです。自分の感覚が世の中とずれてしまったら、もうこの仕事は続けられないから」

だからこそ、桐生さんが大切にしているのは、休日をとことん満喫すること。

「気になっていたカフェや美術館へ出かけたり、さまざまな年代や仕事をしている人と食事に行ったり、いろんな刺激を吸収するように心がけています。ただ出かけたり飲んだりするのが、好きなだけなんですけどね（笑）」

（右）明治期の漆の丸皿（1500円・税込）。「和菓子を盛ったら、きっとすてきだよね」（中、左）気軽に食卓にとり入れられる豆皿も豊富（中 1000円・税込、左 3800円・税込）。

(住) 金沢市三口新町3-1-1
永久ビル1F
☎ 076-232-1682
(営) 12：00～18：00
毎月12～20日、25日～翌月3日営業
最寄りバス停／赤坂
MAP → P152-F4

県内はもちろん、県外からもたくさんの人が。「酒屋 彌三郎」（P104参照）など、桐生さんの器を使う料理店も多い。

ここにしかない名品がずらり

店主のセンスが光るあの店へ

時代を経たもの、海を渡ってきたもの。私だけの宝物が見つかるはず。

古道具・器

金沢古民芸会館［増泉］

100坪の店内で宝物を見つけよう

陶器や漆器から、戸棚や引き出し、建具、カメラ、照明まで、金沢を中心に仕入れた古いものが豊富にそろう。価格が手頃なのもうれしい。

㊟金沢市増泉3-18-3　☎076-244-4202
㊢10：00～19：00　㊡無休　駐車場10台
最寄りバス停／泉本町　MAP→P149-B2

1. 古家具は明治から昭和初期のものが中心。2. 薬瓶も色や形など種類が豊富にそろう（500円～）。

商品は丁寧にリメイクしてから販売しています。暮らしの中で、気軽に古きよきものを楽しんでください。

西尾行雄さん

あたたかみのある木のスツールも、10脚以上そろう（4500円～）。

アンティーク・雑貨

Gloiní［せせらぎ通り］

暮らしの中で楽しめるアイテムを

イギリスのアンティーク家具や雑貨から、バッグやストール、食品、本まで、店主の二人が世界中から「ほしいな」と感じたものを集めた店。2階のギャラリーでは、定期的に企画展を開催。

グロイニ　㊟金沢市長町1-6-16　☎076-255-0121
㊢10：30～19：00　㊡不定休　駐車場1台
最寄りバス停／香林坊　MAP→P151-B4

1. 欧州からアフリカまで各国のものが。2. インダストリアルな家具も。3. アンティークパーツで、沙耶香さんがつくったアクセサリー。

カジュアルすぎない上質なものを直接仕入れて、手頃な価格で販売しています。気軽に手にとってみてください。

山口沙耶香さん・森忠典靖さん

アンティーク・器

ÉNIGME［千日町］

若き女性オーナーの洗練された世界観

江戸時代の波佐見焼や1800年代のフランスの器など、国内外の骨董市で見つけた器や道具を販売。器は「シンプルで美しいもの」を基準に全国からセレクトした、若手作家の作品も。

エニグム ㊟金沢市千日町4-3ヤマキビル101
☎076-255-7759 ㊔12：00～18：00 ㊡火曜、水曜不定休 最寄りバス停／片町 MAP→P153-B2

アンティークの使い方は自由です。お気軽にお楽しみください。お友だちにプレゼントするのもすてきですよ。

佐藤双葉さん

1.時代を経てきたからこその美しさがある。2.一つ一つ手にとって魅力を確かめて。3.ディスプレイもセンス抜群。

N.Y.で直接買い付けた商品を販売。靴、バッグ、アクセサリーも豊富。

ヴィンテージクローズ

GARYO［幸町］

ニューヨークヴィンテージの宝庫

N.Y.で古着の魅力にはまり、現地の古着屋に勤めていた丹野さんと中瀬さんが、帰国後、犀川沿いに店をオープン。素材、仕立てともに上質な商品を扱う。すべて貴重な一点物。

ガリョウ ㊟金沢市幸町25-16
☎076-255-6883 ㊔12：00～20：30 ㊡火曜
最寄りバス停／桜橋 MAP→P153-C3

一つ一つ個性的なアイテムが多いので、楽しんでいただけると思います。自分だけの一点を見つけてください。

中瀬充佳さん・丹野陽介さん

1.建物は二人でリノベーション。壁のイラストは中瀬さんの手描き。2.メンズ商品も充実。

(アンティーク着物)

畳世 [新竪町]

着物と和小物のセレクトショップ

「着物を普段着に」をコンセプトに、カジュアルな着物を中心にそろえる。若手作家が手がけた九谷焼の帯留や加賀繍(かがぬい)の髪飾りなどの和小物、着物をリメイクしたバッグなども充実。

たたみぜ ㊟金沢市新竪町3-95
☎076-263-2632 ㊇11：00～18：00
㊡火・水曜　最寄りバス停／新竪町
MAP→P153-C2

ハレの日だけでなく、ふだんのお出かけにも、気軽に着物を楽しんでほしい。レンタルも行っています(5000円～)。
川田美紀さん

1.3.アンティークからリサイクル品まで、気軽に楽しめる着物が豊富にそろう。2.カラフルな、つまみ細工の髪飾りも人気。

入り口正面のコーナーはテーマを設けて、定期的に商品を入れ替え。

(古書)

オヨヨ書林 せせらぎ通り店 [せせらぎ通り]

気軽に古書と出会える場所を

もと鉄工所の建物に、2011年3月にオープンした古書店。文学や絵本を中心に、思想や社会科学からアート、写真、雑誌まで、あらゆる本がそろう。ライブや上映会などのイベントも開催。

㊟金沢市長町1-6-11　☎076-255-0619
㊇11：00～19：00　㊡月曜
最寄りバス停／南町・尾山神社　MAP→P151-B4

1.店内には漫画も並べられている。2.外観など建物の雰囲気にひかれてこの場所に。

手軽な価格の古書を、さまざまなジャンルにわたりそろえています。どなたにも楽しんでいただけるお店です。
佐々木奈津さん

アンティーク・雑貨

PIPPURIKERA ［高岡町］

築100年の町家を北欧雑貨の宝箱に

フィンランドを中心に仕入れた温もりあるハンドメイド雑貨やカラフルなアンティークの器、手刺繍のタペストリーやファブリックなどが充実。マリメッコの洋服や古着、アクセサリーも。

ピップリケラ　㊟金沢市高岡町10-13
☎076-225-7775　㊇11：00～19：00
㊡火曜　最寄りバス停／南町・尾山神社
MAP→P151-B4

フィンランドのポップな雑貨や手仕事の道具を、暮らしを楽しむためのスパイスにしてもらえたらうれしいです。
宮下知大さん・理栄さん

1.2.白樺のかごや木製のカトラリー、ホウロウのポット、器も充実。3.コレクターも多い、モスクワ五輪のキャラクター「こぐまのミーシャ」。

着物レンタル

心結 ［芳斉］

着物を着て、心に残る金沢旅を

金沢駅近くにある着物レンタルの店。着くずれしにくく、柄の美しい上質な着物を約500着そろえる（1日5000円～）。お琴や日本舞踊など、金沢らしい体験がセットになったプランも。

ここゆい　㊟金沢市芳斉2-5-18　☎076-221-7799
㊇10：00～18：00（要予約、時間外も対応可）
㊡不定休（HP参照）　駐車場2台
最寄りバス停／六枚、金沢駅東口
MAP→P151-B3

1.金沢には、着物が似合う古い町並みが残る。カメラマンが写真を撮ってくれるプランも。2.3.カジュアルからフォーマルまで充実。

着物を着ていると、自然と町の人が声をかけてくれたり、道を教えてくれたり。心と心を結ぶきっかけになれたら。
越田晴香さん

TOMO

CHAPTER.3

ものづくり・ギャラリー

Craft & Gallery

工芸からクラフトまで、
この町には多くの作家が暮らし、
ものづくりに打ち込んでいます。
金沢の地で育まれた美しいものを
あなたの暮らしの中に。

010

九谷焼 | 金沢市桂町

赤地陶房

赤地 径さん

見て楽しい、使ってうれしい。
遊び心いっぱいの九谷焼

九谷焼といえば、1㎜も狂わない精巧な形、山水や花鳥などの緻密な模様、豪華な色彩をイメージするが、赤地径さんの九谷焼はまったく違う。やや歪んだ形、渦巻きや椿などの大柄の模様、赤を主体としたシンプルな色使い。一見、「これが九谷焼?」と思うほど、大胆で新鮮、そして遊び心にあふれている。

　祖父は漆職人、父は九谷焼作家という、まさに芸術一家に生まれた。特に、父の赤地健さんは、本来分業だった成形と絵付けを一人で行ったり、薄さが重視されるなか、あえて厚みのある器をつくったり、〝九谷焼界の異端児〟といわれた。そんな父を間近に見つつも、子どもの頃は陶芸に興味はなかったという。しかし、22才のとき、父にすすめられて入った岐阜県多治見市の陶磁器意匠研究所で、陶芸の魅力に気づく。

　「自分のつくった器を人が使っ

(上)成形後、すぐに天日干しを行う。すぐに干すと歪みが生じるため通常は行わないが、赤地さんはその歪みを楽しむ。(中)この筆から独創的な模様が生まれる。(下)「絵付けは苦手」といいつつも、美しい蔦模様をさらさらと描き上げる。

工房は径さん、健さん、映里さんといつも３人。黙々と作業を行う。

器は素焼きし、釉薬をかけて再び窯へ。焼き上がったものに上絵付けを施したあと、さらに焼いて完成する。

径さんの作品は、飯碗2000円からと値段も手頃。ユニークな持ち手のマグカップは人気の品。

http://akajitoubou.blogspot.jp

［取り扱い販売店］

ワクナミトネリコ　→P82参照

九谷焼諸江屋　→P80参照

CRAFT A　→P80参照

映里さんは料理を盛った様子を撮影し、ブログで紹介している。

ている姿を想像したら、とても楽しくなってきたんです。そして、親父はおもしろいことをしているなと。自分も人に喜んでもらえる器をつくりたいと思いました」

　父に習い、成形と絵付けを自分で行うことに。そのほうが、器の形を思いどおりにつくれるうえ、形に合わせた絵付けができると考えたから。ほかにも父の手法でよいと思ったものは、すべてとり入れた。

「親父はすごい。技術もセンスも突き抜けている」

　赤地さんが目指すのは、おもしろいもの。おもしろいとは、人に楽しんでもらえるもの、自分もつくっていて楽しいもの。皿に皿の絵を描いたり、鳥の形をした器をつくったり、飯碗の模様も、同じでは使う人も自分もつまらないからと、一点一点変えている。

「手間がかかっても、遊び心だけは忘れないようにしたい」

　そして、自宅では自作したすべての器を使い、使いやすさや料理を盛ったときの見栄えを確認。奥さんの映里さんにも感想を聞き、作品にいかしている。

　ここ数年、県内外から評価が高まり、個展も開くようになった。しかし、「まだまだ未熟」と自分に厳しい。

「何を描こうか悩み、白い器を前に一日過ごしてしまうこともあります。しんどいときがほとんど。でも、アイディアがぽっと出てくる瞬間がある。それがおもしろくて、やめられない」

　陶芸は、どこまで納得できるものをつくれるか、自分との闘い。たとえ、まわりが評価してくれても、自分がよいと思わなければ満足はできない。

　朝から夜まで工房にこもり、黙々と作業を続ける赤地さん。今日も真剣に、遊び心を形にしている。

深い黒色の漆器は、上に盛る料理がよく映える。

011

漆工｜金沢市菊川

杉田明彦さん

築65年以上の町家を、住まい兼工房として活用。

漆の特性をいかして
今までにない新しい形を

深みのある色合いや、なめらかな表情、手にしたときのあたたかな感触。漆の器は毎日使うごとにつやを増し、その人の手に馴染んでいく。

「そんな漆ならではの魅力がいきる作品をつくりたいと、いつも考えています」

そう話すのは、金沢で活動する漆作家の杉田明彦さん。東京都出身の杉田さんは、大学で日本美術史を専攻。その後、手打ちそば屋で修業していたとき、石川県輪島の塗師・赤木明登さんの『茶の箱』という本と出会う。

「じつは、実家が漆器のお店をしていて、漆には漠然と興味があって。赤木さんの本を見たとき、その作品に強くひかれ、一度お会いしたいと思ったんです」

赤木さんの門をたたいたのは29才のとき。それから6年間、赤木さんのもとで修業。その間に技術的なことだけでなく、展示の見せ方や価格設定の仕方など多くのことを学んだ。

「親方と全国の展示会を回ったり、一緒に食事をしたりするなかで、考え方や好きな形、生活のスタイルなどを知れたことが大きかった。知ったうえで、親方と自分の好みの重なる部分、ズレがあるところを確認していくことで、自分は何が好きなのか、どういうものをつくりたいのかが、だんだん見えてきたんです」

独立後、金沢に工房を開いたのは2014年2月。金沢は漆器のもととなる木地の産地の輪島市や加賀市山中地区に比較的近いこと、多くの作家が暮らし、刺激を受けられると感じたことなどから、この地を選んだ。

一つの作品をつくるとき、まずは自身でデザインした形をもとに、木地師に発注する。上がってきたサンプルを確認して木地師と相談しながら、修整を加えてもらい生地が完成する。

毎朝、子どもを近所の保育園まで。この日は奥さんの美穂子さんも一緒に。

工房の窓際には、土器からフランスのタイルまで古いものが。

下地を塗るとき、ヘラの感覚で漆の厚みがだいたいわかるそう。

木地には、下地を4回、中塗りを2回、上塗りを1回行い、ようやく一つの漆器ができ上がる。

「漆は、一度塗ったあと、次の漆がのりやすくするために表面を研ぐ必要があって。塗る、乾かす、研ぐを繰り返すことで、美しく丈夫な漆器に仕上げています」

このように漆器は、一つの作品が完成するまでに時間がかかるため、多くの形を一度につくることはむずかしい。だからこそ、何をつくるか、どんな形にするかが重要となってくる。

「ぼくは古いものが好きで、昔の土器や須恵器には、今の器につながるルーツがある。そういう古い器から、形のヒントを得ることもあります。また、ジャンルが異なる作家さんや異業種の方と話をするのも、刺激になりますね。これからは日常に根ざした漆器に加えて、日常にも非日常にも馴染むような、新しい形を探っていきたい」

よくお願いしている山中の木地師の工房へ打ち合わせに。

漆に糊と土の粉を混ぜることで、下地がなめらかに。

家の２階を工房に。簡単な作業を美穂子さんが手伝うことも。

下地から上塗りまで
何層も重ねて美しい漆器に

［取り扱い販売店］
ÉNIGME（エニグム）
→ P53参照

工房の壁には、長男の達之介くんが誕生日にくれた絵が。

012

陶芸｜金沢市材木町

ねんどスタジオ

中田雄一さん

町に開かれた工房で
人とつながり、土と向き合う

「ギュッ、ギュッ、ギュッ」と力強く土をこねる音が、工房内に響きわたる。全体が均一にこね上がったら、土をロクロに移す。勢いよく回り始めた土の塊に中田雄一さんが手を添えると、瞬く間に形を変え、器が生まれる。

「ロクロをひくときは、形をつくろうと思いすぎないようにしています。土に触れている間に、自分の手から流れるように生まれる形を、大切にしたいから」

兼六園から歩いて10分ほど。建具屋や染め物屋などが点在する金沢市材木町に、中田さんの工房「ねんどスタジオ」はある。北海道出身の中田さんは、金沢卯辰山工芸工房への入所をきっかけに25才のとき金沢へ。2年間、工芸工房で制作を重ねたあと、陶芸家のアシスタントを経て、2011年に独立した。

工房を開くとき、北海道や大学時代を送った山形へも物件を見に行った。そのなかで金沢を選んだのは、人のつながりや文化が、生活の中に、より色濃く残っていると感じたから。

「ぼくは地域の中で、ものづくりをしたかったんです。町に暮らし、いろんな人とつながることは、きっと作品にもいい影響を与えてくれると思って」

じつは中田さんは金沢へ来てすぐに、大きな壁にぶつかった。

「金沢はすぐれたつくり手がたくさんいて。文化や伝統に裏打ちされたものづくりを長年続けている。それに比べて、ただつくりたいものをつくってきたぼくには、ものづくりの背景が何もないことを思い知ったんです」

ものづくりの背景とは、「自分がものをつくる意味」ともいえる。そのヒントは、陶芸教室や自分の暮らしの中にあった。

「教室に来てくれるのは、ふだん器を使う人たち。そんなみなさんと目線を合わせたり、料理

(右)工房の裏は小学校。あいさつするうち、子どもたちと仲よくなった。(左)注文数をつくり終えたら、いろいろ試して遊ぶように。

陶芸教室では、つくるものは自由。「悩んだりするなかで、自分の好きなものを見つけてほしい」

や洗濯などの暮らしを一から見直したりして感じたのは、器は作品である前に、シンプルな一つの道具であること。だからこそ、使ってみたいと思える形だったり、美しさだったりを備えていることが大切だなって」

自分がひかれるもの、好きなことを改めて見つめることで、わかってきたこともある。

「ぼくは、古びたものの味わいが好きで。最近では器に味わいを増す、ひと手間やひと工夫を加えるようにしています。どんなことをしているかは、内緒です(笑)。最終的に使う人に、きれいだなとシンプルに感じてもらえたら、それでいいので」

金沢に移り住んで9年、「悩み考え続けて、ようやくスタートラインに立った」と中田さん。

「一生のうちで、いつか自分らしいなと思える器がつくれるように、これからも土と、使う人と、向き合い続けていきます」

アンティークショップやカフェの店主、デザイナーなどの仲間と食事をする時間も、作品づくりのヒントに(友人宅にて)。

もとは畳屋だった建物を工房に。上の階は住まい。奥さんと二人で暮らしている。

シンプルでありながら、毎日使いたい美しさが宿る中田さんの器。

㊟ 金沢市材木町5-3　☎ 080-4348-9343
㊢ 10：00～16：00（土日のみ陶芸教室を開催。要予約。空きがあれば前日予約も可能）
駐車場２台
最寄りバス停／兼六園下・金沢城
MAP → P150-E4
［取り扱い販売店］
ÉNIGME（エニグム）　→ P53参照

金沢を一望する宝泉寺の高台は、お気に入りの場所。

切断した金属の端を削ってなめらかに。穴あけに使うボール盤は、父親から譲ってもらったもの。

013

金工｜金沢市材木町

材木町金工室

今城晶子さん

金属の魅力をいかし、使って楽しめるものを

アジサイの花やシロタエギクの葉をかたどったピアスやブローチは、金属とは思えないやさしい表情。古い手巻き時計の歯車や文字盤をいかしたペンダントは、時を経たものの美しさを感じさせてくれる(P75参照)。

「金属ってかたくて冷たいイメージですが、温めるとやわらかくなって自由に形を変える。冷めるとまたかたくなる。生き物みたいで、おもしろいんです」

左の建物が今城さんの工房。向かいにはガラス作家が。「素材の異なる作家と共同で、作品をつくるのも楽しい」

そう話すのは、金沢で活動する金工作家の今城晶子さん。広島県出身の今城さんは、小さい頃からものづくりが好きだった。

「一個のドロ団子を何日もかけて、ピカピカに磨いて遊んでいるような子どもでした(笑)」

じつは、今城さんの父親は金工作家。身近に素材があったことから自然と興味をもち、金工を始める。広島の大学と大学院で7年間学んだあと、2006年に金沢卯辰山工芸工房へ。

バーナーで金属ロウをとかして、ピアスの本体にパーツを固定。金工には、繊細な作業も多い。

一枚の金属の板を金づちで叩きながら、だんだんと筒状に。リズミカルな音が、工房内に響きわたる。

住まいは工房の近くに。移動はいつもお気に入りの自転車で。中心部へも自転車で10分ほどと、とても暮らしやすい。

古い道具や雑貨が好きな今城さんのコレクション。「いいなぁとさわっているうちに、作品のアイディアが浮かんでくるんです」

「工芸工房には、陶芸や漆、染色、ガラス、金工と、それぞれの道で真剣に生きていこうとしている同世代が集まっていて。本当にいい刺激になりました」

在籍した3年間の中で、つくりたいものが変化していった。「周囲には食まわりの器をつくっている人が多くて。私も生活の中で使う身近なものに、自然と興味がわいてきたんです」

制作への思いも固まっていく。「ただつくりたいものをつくるのではなく、私は人に求められるもの、喜んでもらえるものをつくりたい。それで生活していきたいなって。この思いは、今も変わらずもち続けています」

修了後は5年間、共同工房で制作。そして2014年1月、金沢市の材木町に工房を開いた。

現在、今城さんには自身の制作に加えて、力を入れていきたいことが二つある。一つは、金属だからこそできる仕事。

植物から型をとったアクセサリー。「金属とは対極にある自然の美しさを、金属で表現できたらと思っています」

手巻き時計のパーツを樹脂で固めて風防に閉じ込めたり、文字盤をそのままいかしたりしてペンダントに。

表面に漆をかけ、古びた風合いを出した小箱のシリーズ。小さなお菓子を入れる茶道具「振り出し」をモチーフに。

「最近では知り合いの作家に頼まれて、パーツをつくる仕事も増えています。金属は薄くても強度があり、熱を加えるとやわらかくなって素材どうしをつなぐこともできる。そんな持ち味が生きる仕事も大切にしたい」

もう一つは、金属の魅力を多くの人に知ってもらうこと。今後は、ワークショップの回数も増やしていきたいという。

「でも、今後のことは、はっきりと決めていません。そのとき感じたことを大切にしたいから」

今城さんの作品はこれからも、さまざまな刺激を受けて自由に形を変えていくだろう。まるで、いつも向き合う金属のように。

ブログ：ojooosan.exblog.jp

[取り扱い販売店]

Lykkelig（リュケリ）

→ P80参照

collabon（コラボン）

→ P80参照

クラフトの町で見つけた

心うごく、美しいもの

金沢に暮らしながら
ものづくりに打ち込む注目の8人。

刺繍／atelier taffeta

髙 知子さん

糸と針で描かれる、美しい模様

花や蝶々、幾何学模様などをテーマに、刺繍で図柄を施したブローチや髪留め、オブジェなどを制作。左右非対称の花や葉、ピンクの茎など、髙さんの作品は、かわいさだけではない、ほんの少しの不安定さや陰をまとい、見る者をひきつける。今後は、より大きな作品も手がけていきたいとのこと。

石川県出身。金沢市内の雑貨店に16年勤めたあと、2011年に刺繍のアトリエ兼ショップ「taffeta」を開店。花や蝶々、幾何学模様などをテーマに、個性的な作品を発表している。

［取り扱い販売店］
taffeta（タフタ）

㊟金沢市新竪町3-115
☎076-224-3334
㊖12：00～19：00
㊡水曜、第2火曜
最寄りバス停／新竪町
http://www.ateliertaffeta.com
MAP→P153-C2

ガラス

廣島晴弥さん

使う時間を豊かにするカットグラスを

繊細でありながら力強いカットが、きらきらと美しい廣島さんのグラス。お酒やお水を注ぐと、さらに表情は豊かに。自身もお酒が好きという廣島さんは、酒器を中心に制作。形はシンプルに、カットで遊び心を加えることで、使う時間が楽しくなるようなグラスをつくる。ウォーターグラスやピッチャーなども。

石川県出身。2003年、富山ガラス造形研究所卒業後、2004年より、作品を「h collection」として展開している。金沢をはじめ、各地のクラフトフェアなどにも出展。

［取り扱い販売店］
GALERIE Noyau
→P81参照

磁器と土鍋・陶房ななかまど

小林 大さん・かのこさん

気づくといつも使っている、そんな器を

土鍋や食器など日常的に使えて、食卓がちょっと楽しくなるような器づくりを目指す。そのために、盛られる料理を具体的にイメージし、大きさや軽さ、持ちやすさなどを考え抜いたうえで一つ一つの形をつくり出している。「使う人の暮らしの一部になっていくような器をつくれたらと思っています」と二人。

大さんは千葉県、かのこさんは東京都出身。二人は愛知県の瀬戸で陶芸を学んだのち、大さんは瀬戸の窯元で、かのこさんは九谷の窯元で修業。金沢に工房を構えて17年に。

［取り扱い販売店］
陶房ななかまど

㊟金沢市上中町ニ98
☎076-229-3015（8：30～18：00） ※工房での購入を希望される方は、訪問の2日前までにご連絡を。
http://www.nana-kamado.net　MAP→P148-D4

和紙

石川まゆみさん

心を込めて丁寧に漉く、美しい和紙

「ここは水がきれいだから」と、金沢市二俣町に工房を借りて和紙づくりを行う石川まゆみさん。自家栽培したコウゾをはじめ、質のいい原料を使い、手作業で丁寧に仕上げる。白い和紙のほかに、染色和紙や水玉模様の落水紙も。最近は、石川さん手彫りのハンコを押した一筆箋セットやポチ袋も人気。

千葉県出身。東京造形大学卒業後、富山県の和紙会社、栃木県那須烏山市の和紙会社を経て、和紙づくりを覚える。2006年から金沢市二俣町で、一人で和紙づくりを始める。

［取り扱い販売店］
クラフト広坂
→P80参照

GALERIE Noyau
→P81参照

九谷焼／30

今江未央さん

季節の柄が、暮らしを華やかに

緑や黄など九谷焼の伝統的な色を大切にしながら、季節の植物や食べ物を描いた今江さんの器は、まるでテキスタイルの柄を切りとったかのよう。青りんごやいちじく、玉ねぎなどの柄が、日々の食卓を楽しく彩ってくれる。「今の暮らしに馴染むような九谷焼をつくりたいと思っています」と今江さん。

石川県出身。都内のアパレル会社に勤めたあと、2009年に石川県立九谷焼技術研修所に入学。現在は、金沢市内で制作。鎌倉の「shironeko」にも作品が置かれている。

［取り扱い販売店］
LIBERTINE FLOWER WORKS（花器のみ）
→ P80参照

いずも堂［山中温泉］

http://30imae.wix.com/kutaniyaki30

ガラス

大迫友紀さん

身近な暮らしの中から生まれる形

吹いたガラスや板ガラスにカットを入れたり、研磨したあと再び火に当てたりすることで、豊かな表情を生み出す。それらは、寒い冬の朝だったり、古い建物のガラス窓だったり、さまざまな景色を思い起こさせてくれる。生活に自然と馴染むことも大切に、ショットグラスやおちょこなどの酒器も手がける。

東京都出身。富山ガラス造形研究所卒業。2008年に金沢卯辰山工芸工房修了後、金沢で制作を続ける。グラスやボウル、お皿、花器など、暮らしまわりの器を中心に。

［取り扱い販売店］
LINE
→ P80参照

http://oosakoyuki.web.fc2.com

染色

安達大悟さん

テキスタイルにしかできないことを

布を小さく折りたたみ、染めない部分を板で挟んで模様をつくる板締め絞り。安達さんはこの伝統的な技法をいかしながら、布のたたみ方や板の締め方、染める回数などを工夫することで、あえてにじませた美しい模様を生み出す。製品として提供するために、模様の再現性を高めることにも力を入れている。

愛知県出身。金沢美術工芸大学修士課程修了後、金沢卯辰山工芸工房へ。現在も工芸工房で制作を続けながら、県内外のギャラリーで作品を発表。工芸工房はこの春、修了予定。

［取り扱い販売店］
定期的に個展、グループ展を開催。
詳細はFacebookにて。

https://www.facebook.com/daigo.adachi

陶のアクセサリー・オブジェ

中嶋寿子さん

手から、土から生まれる表情を大切に

まるで化石のような、深海の生き物のような、不思議な魅力をまとう陶のブローチ。子どもの頃に見た図鑑やふだん目にする植物や石など、いろいろなものがまざり合って、自然と手のなかから生まれてくるのだとか。土が自ら見せる表情を追い求めた、石膏型でつくる陶板の作品にも力を入れている。

神奈川県出身。金沢卯辰山工芸工房を修了後、金沢に暮らしながら、隣の白山市にある工房で制作を続ける。この地のゆったりとした時間の流れが、作品にもいい影響を。

［取り扱い販売店］
LINE
→ P80参照

http://cargocollective.com/toshikonakajima

毎日使いたくなる

お気に入りを見つけよう

[紹介したつくり手の作品が購入できる店]

クラフト広坂 [広坂]

加賀繍や加賀毛針など、金沢の伝統工芸品に出会える店。「花おはりこ」や「加賀香り手まり」など、乙女心をくすぐる商品が多い。

(住)金沢市広坂1-2-25 金沢能楽美術館内
☎076-265-3320 (営)10：00〜18：00 (休)月曜
最寄りバス停／広坂・21世紀美術館　MAP→P153-C1

LINE [広坂]

地元若手作家の作品のほか、質のよさにこだわった布小物や洋服、器などを販売。ずっと大切にしたいものに出会える。

ライン　(住)金沢市広坂1-1-50 2F　☎076-231-1135
(営)11：00〜19：00 (休)水曜、第3日曜
最寄りバス停／広坂・21世紀美術館　MAP→P153-C1

LIBERTINE [袋町]

地元の若い女性に人気の花屋さん。九谷焼作家・今江未央さん(P78参照)とのコラボレーション花器はお土産におすすめ。

リバティーン　(住)金沢市袋町1-1 かなざわはこまち1F
☎076-225-3366 (営)10：00〜19：00 (休)無休
最寄りバス停／武蔵ヶ辻・近江町市場　MAP→P151-C3

ギャラリー彩 [能美市]

九谷焼作家へ設備や工房の貸し出しを行う、支援工房九谷にあるギャラリー。個性あふれる若手作家の作品を多数展示販売している。

ギャラリーいろどり　(住)能美市泉台町南38 支援工房九谷内
☎0761-57-3340 (営)9：00〜17：00 (休)月曜
http://www.sienkobo-kutani.jp/index.html

九谷焼諸江屋 [片町]

創業150年、九谷焼販売の老舗。お手頃なものから、徳田八十吉ら人間国宝の作品も。赤地径さんの父・健さんの作品も扱う。

(住)金沢市片町1-3-22　☎076-263-7331
(営)9：00〜20：00 (休)水曜　最寄りバス停／香林坊
MAP→P153-C1

CRAFT A [武蔵町]

陶磁器、漆器、ガラス、革など、全国や地元で活躍する作家の作品を販売。暮らしのヒントになる、季節に合わせた企画展にも注目。

クラフトエー　(住)金沢市武蔵町15-1 めいてつ・エムザ5F
☎076-260-2495 (営)(休)めいてつ・エムザに準ずる
最寄りバス停／武蔵ヶ辻・近江町市場　MAP→P151-C3

collabon [安江町]

100年以上前に建てられた町家で営むギャラリー喫茶。カフェでは能登の「二三味珈琲」を味わえる。雑貨は全国の作家ものをセレクト。

コラボン　(住)金沢市安江町1-14　☎076-265-6273
(営)11：00〜20：00 (休)火・木曜
最寄りバス停／武蔵ヶ辻・近江町市場　MAP→P151-C3

Lykkelig [小立野]

かわいい雑貨とおしゃれな音楽に囲まれたライフスタイルを提案。雑貨は文具から懐かしいこけしまで。音楽はエレクトロニカなど。

リュケリ　(住)金沢市小立野1-6-22 メゾンノア1F
☎076-262-4511 (営)11：00〜20：00 (休)水曜
最寄りバス停／錦町　MAP→P148-D3

[ギャラリー]

1

GALERIE Noyau [杉浦町]

地元作家の作品に出会える場所

2

3

「暮らしの中で使ってみたい」という感覚を大切に、金沢をはじめ全国からセレクト。磁器やガラス、アクセサリー、鞄、革小物など、シンプルであたたかみのある作品がそろう。

ギャルリ ノワイヨ
(住)金沢市杉浦町24
☎076-222-0014 (営)12：00～19：00
(休)水曜、第2火曜、不定休
最寄りバス停／新竪町　MAP→P153-C2

1.テーブルの白い器は石川県在住の岡田直人さんの作品。2.器は、「料理が映えること」を大切に。3.店主の岡田れい子さん。3月中旬にリニューアルオープン予定。

1

生活工芸プロジェクト shop labo モノトヒト [広坂]

生活に根ざすモノの魅力を発信

2

3

金沢の作家が1カ月ごとに展示を行う空間と、3カ月ごとに全国の人気ショップを招くスペースが。設営もすべて作家やショップが行うことで、期間中はその人自身の店のように。

(住)金沢市広坂1-2-20
☎076-255-0086　(営)11：00～18：00
(休)月曜(祝日の場合は翌火曜)
最寄りバス停／広坂・21世紀美術館
MAP→P153-C1

1.全国からギャラリーやショップを招く「90 days shop」。2.3.金沢21世紀美術館近くにある明治に建てられた町家を改装。※モノトヒトは期間限定ショップ。

1

山鬼文庫 [桜町]

浅野川を望むギャラリー＆図書館

2

3

2階では現代美術を中心に、店主夫人がひかれた作家の企画展を毎月開催。1階は私設図書館（利用500円）。工芸や美術、デザインに関する専門書が約2万冊そろう。

さんきぶんこ
(住)金沢市桜町5-27　☎076-254-6596
(営)10：00～17：00
(休)火～木曜　駐車場3台
最寄りバス停／暁町　MAP→P150-F4

1.取材時には金沢を拠点とするガラス作家・田聡美さんの展示が。2.金沢美術工芸大学の教授であった店主の蔵書がずらり。3.店主夫妻。※2015年4月3日まで冬季休業。

014

ギャラリー | 金沢市涌波

ワクナミトネリコ

細川伸子さん

金沢の若手作家48人の個性に出会えるギャラリー

「この子たちを全国に発信したい」。まるでわが子を思うように、「ワクナミトネリコ」のオーナー・細川伸子さんは話す。「金沢には、力があっても展示の機会に恵まれず、評価されていない作家がたくさんいます。彼らの作品を一人でも多くの方に知っていただきたい」

細川さんがワクナミトネリコを開いたのは、2014年11月。

展示スペースは1階に2部屋、2階に1部屋。家に遊びに行くような感覚で鑑賞できる。展示替えは、作家自ら行うのがルール。

(右)作品を展示するため、和室の面影を残しつつフローリングに改装。(左)季節の草花をモチーフにした、永井麻美子さんの九谷焼。

自宅の一軒家をギャラリーに改装し、金沢の若手作家の作品を展示した。ジャンルは九谷焼、漆、ガラス、フェルト、絵画などさまざま。唯一設けた出展の条件は、「作家として全国で活躍する意志のある人」という。

「つくり手に熱意がないと、展示もほったらかし、お客さんの声を聞くこともないでしょう。それじゃ、決して成功はしない」

作家の熱意にこたえるため、細川さんも工夫を凝らしている。

「気軽に立ち寄れるように飲食店を日替わりで招き、カフェを開いています。料理は展示作家の器に盛り、その器で食事する楽しさも提案します」

じつは細川さんは、金沢市池田町にある「ギャラリートネリコ」のオーナー。そこは、テレビ局や大手百貨店スタッフなど、業界人の目にとまるチャンスも多い。

「ワクナミトネリコで育った作家たちが、次はギャラリートネリコで個展を開き、全国に羽ばたいてくれたら最高ですね」

作家には、「この作品、大嫌い」といわれるほど、個性のあるものをつくるようにアドバイスする。その半面「大好き」という人が必ずいると、これまでの経験で確信があるから。

ときに厳しく、ときにやさしく。細川さんの大きな愛に包まれて、金沢の作家は育っていく。

次女の理衣さんは画家。ギャラリーのDMなどを制作。

(右)細川さんの作家への思いに、「玄米菜食 明制」さん(P143参照)も共感。(左)玄米菜食 明制のランチを上田葵さんの器で。

ギャラリートネリコでは、県外作家の個性的な作品も展示。

ワクナミトネリコ
㊟金沢市涌波3-8-31
☎080-4663-9348
㊮12：00～17：00
㊡火・木曜　駐車場5台
最寄りバス停／涌波二丁目
MAP→P148-C4

ギャラリートネリコ
㊟金沢市池田町3-30
☎076-231-2678
㊮11：00～18：30
(日曜12：30～)
㊡火曜
最寄りバス停／新竪町、幸町
MAP→P153-B3

CHAPTER.4

オーガニック・グルメ

Organic & Gourmet

この町の土と水で
心を込めて野菜を育てる人。
日本海の旬の恵みを届ける人。
そんなおいしい食材をいかした
心も体もよろこぶひと皿を。

「野菜が元気に育つように、手助けしてあげるのが私たちの仕事」

お客さんが出荷作業を手伝ってくれることも。

015

無農薬農家｜金沢市赤土町

トモファームあゆみ野菜

鍋嶋智彦さん・亜由美さん

畑での交流を通じて
食や農業の大切さを発信

土のバランスがよく野菜が元気だと、虫がつくことは少ないそう。

種まきは「元気に育ってね」と思いを込めて。「イライラして作業をすると、それが野菜にも出るから不思議」

毎日、畑仕事が終わってから配達へ。この日は、野菜も販売してくれている「パン屋 こくう」(金沢市額谷)へ。

「亜由美さん、今日かぼちゃもある？ うちの子がまた食べたいって」と畑を訪れたのは、近くに暮らす女性。畑に直接、お客さんが注文した野菜を受け取りにくるのは、「トモファームあゆみ野菜」の日常の風景。なかには、野菜の袋詰めなどの作業を手伝ってくれる人も。

金沢の中心部から車で15分ほどにある畑で、鍋嶋智彦さんと亜由美さんは農薬を一切使わず、年間約50種類の野菜を育てている。二人が農業を始める決意をしたのは、2007年のこと。

それ以前、智彦さんはとび職として、亜由美さんはホステスとして働いていた。当時、亜由美さんは将来への漠然とした不安を抱きながら、2年ほど過ごしていた。自分の今後の仕事や人生、食の安全や自給率の低さ、事件の絶えない社会状況、環境問題などあらゆることを考えたとき、生きる基本である「食」の重要性に行きついた。
「ある眠れない夜に、農業だ！と気づいたとき、モヤモヤが一気に吹き飛んだ。私のまわりには農業をしている同世代はいなくて。私が農業をすれば、まわりの大切な人たちの〝食〟を守れると思ったのも、決意した大きな理由やったね」（亜由美さん）
翌朝、「農業をしよう」と智彦さんに相談すると、賛成してくれた。その後、二人は、金沢農業大学校や県内の有機農家のもとで4年間修業。この地に就農したのは2012年のことだ。
「正直にいうと1年目のとき、仕事はたいへんやけど売り上げにつながらなくて、続ける意味があるのかなと思った。でも、お客さんから、『この子が、食べられなかった野菜を食べられるようになった』と聞いて、お金だけじゃないなって実感した。誰かによろこんでもらえることが、一番の幸せやなって」（智彦さん）
取材の夜、二人は畑仕事を手伝ってくれているお客さんなどを招き、感謝祭を開催した。
「これからも多くの人に畑に来てほしい。忙しい時代だからこそ、命の源である野菜や生活に欠かせない農業にふれることで、生き方を考えるきっかけにしてもらえたら」（亜由美さん）
また、大量生産のものがあふれるなかで、何にお金を使うか。一人一人のお金の使い方によって、世の中が変わっていくことも感じてもらえたらと願う。
「最近では、保育園の子どもたちの農業体験も受け入れていて。こないだある男の子が、トモが畑仕事をしているのを見て『カッケー！』といってくれたのがうれしかった。ゼロから始めた私たちでも農業を続けられる姿を見せることで、子どもたちの将来の夢の一つに農業が加わったら最高やね」（亜由美さん）

お客さん家族を自宅に招いた感謝祭の様子。

友人の美容師にお願いして、畑で散髪することも。

ピーマンの肉詰めやゴーヤのサラダ、かぼちゃスープなど、感謝祭では二人の野菜を使った料理がずらり。

「トモと二人だったから、就農を実現できた」と亜由美さん。

子どもたちが憧れる職業に
農業が加わるように

㊟ 金沢市赤土町チ10
https://www.facebook.com/tomofarmayumiyasai/
MAP → P149-A1

[トモファームあゆみ野菜の野菜が味わえるお店]
酒屋 彌三郎 → P104参照
のっぽくん http://w2222.nsk.ne.jp/noppokun/
Los Angeles in 金澤[金沢市大手町]　など

4棟のハウスを含む60アールの畑で野菜を栽培。

016

野菜ごはん｜金沢市野田町

ムシャリラ・ムシャリロの弁当屋

村田美紀江さん

昭和の面影が残る民家で 旬の野菜をたっぷりと

野田山から心地よい風が吹く、金沢市の山手、野田エリア。懐かしい雰囲気の民家が並ぶ住宅街に、村田美紀江さんの店「ムシャリラ・ムシャリロの弁当屋」はある。味わえるのは、旬の地もの野菜だけでつくる、体にやさしい料理。イートイン、テイクアウトのどちらもできる。

「子どもの頃、アトピー体質で食べられないものが多かった私に、母が野菜だけを使って、いろんな料理をつくってくれました。それがとてもおいしかったんです。野菜もお母さんも、すごいなと思いました」

一人暮らしを機にいろいろな野菜料理を試し、めきめきと上達。結婚後も、つくってはご主人や友人を楽しませていた。

そんなある日、友人から「こんなにおいしい料理、いつも食べられる場所があったらいいのに」といわれる。

(上)右から雑貨店「PUSHPA」(P145参照)、アロマサロン「un sourire」(P145参照)、村田さんの店。(下)夏野菜のマリネ丼に、キャベツのカレー炒め、じゃがいもと金時草の和え物を添えて。焼きなすの味噌汁も美味。

店を開くきっかけをつくってくれた、漆作家で友人の名雪園代さんと。店の箸はすべて名雪さんの作品。

「自分にできる仕事はないかと、ちょうど悩んでいたとき『これだ！』と思いました」

イベントでの弁当販売で経験を積んだあと、2006年、金沢市石引町にカウンター4席の小さな弁当屋をオープン。お客さんが増え、手狭になったため、2009年に一軒家を丸ごと使える、今の店舗に移転した。

「立地も築40年以上という古い建物も、すぐに気に入りました。お客さんには実家に帰ったようにくつろいでもらいたいので、昔ながらの家具を並べて、落ち着いた空間にしたんです」

野菜は「新鮮で、しかも味が濃くておいしい」と、石川県内で収穫される旬の有機・無農薬野菜を主役に。米は輪島の無農薬米を使っている。

「時季によって、緑色の野菜ばかりになることも。そんなときは、カットの大きさでメリハリをつけたり、揚げた野菜と茹で

朝10時半からお客さんへ弁当を配達し、帰ってきてすぐにランチの準備と、午前中があわただしく過ぎる。

「開けた瞬間、わーっとよろこんでもらえるように」と、丁寧に盛りつける。容器はサトウキビの繊維を再利用したもの。

「朝、窓から日がさしている時間帯が一番好き」という村田さん。一日頑張るぞ！と気分が高まるそう。

た野菜を組み合わせて食感を変えたり、見た目も味もおいしくなるよう調理法を考えます」

　調味料選びも重視。醤油なら、夏は塩分多めの強い味のもの、冬はやや甘めのまろやかな味のものと、食材との相性や体が求める栄養分を考えて、季節によって使い分けている。

「そうやってつくった料理を、ムシャリムシャリと、おいしく食べてほしいですね」

　次の夢は料理教室を開くこと。

「野菜をいかす調理法を伝えることで、『野菜だけでも、こんな料理ができる!』と実感してもらいたい。そして家の冷蔵庫に野菜しかなかったとしても、がっかりしないで、何かつくってみようって、ワクワクしてもらえるとうれしいな」

　穏やかな笑顔の向こうに見える強い意志。野菜の秘めたおいしさが、村田さんによって確実に広められていく。

㊟ 金沢市野田町レ61-3　☎090-6270-6490　㊢ 11：30～15：00（L.O.14：30）　㊡ 土・日・月曜　駐車場3台　最寄りバス停／野田　※お子さまと香水の強い方はお持ち帰りでのご利用をお願いいたします　MAP→P149-C3

ちゃぶ台は実家や知人から譲ってもらったもの。棚や建具も古いものを合わせ、懐かしさを大切にした。

カフェ「one one otta」(P24参照)に、おにぎりやバーガーを配達。

017

野菜ごはん｜金沢市西念

niginigi

小浦千夏さん・嵐 敦子さん

いつでも、どこへでも。料理と元気を届ける二人組

「ニギニギ」は、玄米おにぎりや有機・無農薬野菜を使った料理をつくる二人組。店は持たず、イベントやケータリングなどでその味を届けている。

二人が出会ったのは7年前。無農薬のハーブ園で働いていた小浦千夏さん(上写真・左手前)が、嵐敦子さん(左奥)の働く有機・無農薬野菜を扱うカフェに配達したのがきっかけだった。

「私はせっかちだけど、嵐さんはのんびり。性格がまったく違

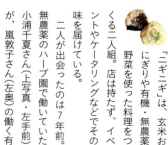

うのに、一緒にいて心地いいんです。嵐さんと何かしてみたいって思いました」(小浦さん)

2012年、「二人の経験をいかし、有機・無農薬野菜を使った料理を出すケータリングを始めよう」とニギニギを結成した。

「カフェで働く前、カメラマンをしていた頃、有機野菜を食べて、とても元気が出たんです。野菜の力に初めて気づきました。そのときの感動を多くの人に伝えたいって思いました」(嵐さん)

しかし二人は、有機・無農薬のことを強調はしない。

「食べておいしかった、次の日体の調子がよかった、それでいいと思います」(小浦さん)

そのためには、唐揚げはもちもちの大豆グルテンを使い、まるで鶏肉のような食感に。スープは数種類の野菜を長時間煮込み、じっくりと旨味を引き出すなど、料理をおいしくするための工夫は欠かさない。

おにぎりと弁当は、イベントのほか、金沢市内のカフェ、ホテルで販売。月に2日間だけ金

配達先でお客さんに感想を聞き、メニューや味つけの参考に。

2014年11月開催のイベント「冬の友」では、餅つきを行った。子どもたちに大人気。

おにぎりはしそ巻きやカレーピラフなど、いつも数種類用意。

沢市内・近郊の飲食店を借りて、「niginigi食堂」を開いている。

「カフェやホテルでは、近くで働く人や観光客など、多くの人に買ってもらえます。niginigi食堂では、つくりたての料理を出せるのがうれしい。イベントでは、ほかのお店とつながり、別のイベントに誘ってもらうことも。どれも楽しいから、続けたいと思います」（小浦さん）

さらに、弁当やスイーツを販売する、テイクアウト中心の店を持つ計画も進めている。

「これまで以上にたくさんの人に、私たちの料理を味わってもらいたいです」（嵐さん）

ずっとコンビニ弁当だった人が、「野菜って、こんなにおいしいんだ」と、毎週カフェに弁当を買いに来るようになったそう。活動を始めて3年。二人の料理はどんどん広まっている。

（上）niginigi食堂に陶芸家のななかまどさん（P77参照）が家族で来店。（下）店内では、仕入れ先の有機・無農薬野菜を販売している。

“野菜っておいしい！
その言葉がなによりうれしい”

niginigi食堂は色をテーマにしたランチを提供。この日は紫。

「料理って、気持ちが味に表れるから、できるだけ笑顔でね」と笑う二人。

一軒家のイベントスペースで開催したniginigi食堂。開催日程・場所はFacebookで。

スイーツは嵐さんの得意分野。計画中の店では、フレッシュなケーキも販売する予定。

niginigi ※2015年4月オープン予定
㊟ 金沢市西念2-1-31
https://www.facebook.com/niginiginiginiginigi
MAP → P149-B1

［販売店］ ※火曜のみ12：00〜売り切れしだい終了

HOTEL PACIFIC → P145参照

one one otta → P24参照

お土産にもぴったり！

石川の恵みいっぱいの食品・調味料

海も山も近い石川県ならではの味。
体も心もよろこぶ逸品ばかりです。

金沢のピクルス

石川県産を中心とした、おいしい規格外野菜をピクルスにして販売。保存料、添加物は不使用。かわいいラベルも印象的。

［ネット販売］
http://www.kanazawa-pickles.jp

［取り扱い店舗］
STOOCK（保存食専門店）
㊟金沢市尾張町2-8-26
☎076-255-1283
MAP→P151-C3

玉匣（たまくしげ）
㊟金沢市東山1-14-7
☎076-225-7455
MAP→P150-E3

カジマートめいてつ・エムザ店
㊟金沢市武蔵町15-1 めいてつ・エムザB1　☎076-261-3897
MAP→P151-C3

いろんな野菜がこのひと瓶にギュッ！

ミックス 650円

大根、にんじん、きゅうり、パプリカなど、さまざまな旬の野菜を詰めた一番人気商品。野菜ごとに異なる食感と味が楽しめる。弁当の彩りにも。

能登生まれのさっぱりとした大根

能登娘 600円

能登娘は能登の赤土でつくられる赤大根の一種。ぴりっと辛いが、あと味はすっきり。揚げ物や中華料理など、こってりとした料理の箸休めにどうぞ。

食感も楽しい人気の加賀野菜

加賀れんこん 550円

加賀野菜の一つ、加賀れんこんは肉厚で粘りが強いのが特徴。一度茹でてあるので、れんこんのほどよい歯ごたえが楽しめる。ほんのりと甘く、やさしい味わい。

ぴりっとした辛さがやみつきに

辛味酢・ギョーザ君 120mℓ 370円

石川県白山市の剣崎地区で栽培される、剣崎なんばを純米酢に漬けた酢。醤油と合わせると餃子のたれに。胡麻油を足しても美味。

ジュース感覚のフルーティーな酢

いちごいちえ 120mℓ 405円
ブルーベリーグッド。120mℓ 520円

能登半島産のいちごやブルーベリーをふんだんに使った加工酢。水や牛乳で割ってそのまま飲んだり、ヨーグルトにかけたり。

酸味とともに広がる酒の豊かな香り

金沢の老舗蔵がつくった純米酢 190mℓ 220円

国産のうるち米でつくった純米酒を使用。やわらかな酸味で、口当たりはまろやか。P90紹介の村田さんも愛用する一品。

今川酢造［野町］

大正12年の創業以来、酢を半年以上かけてつくる静置醗酵法を継承。原料の酒も自家製を貫く。その丁寧な仕事に脱帽！

㊟金沢市野町3-19-1
☎076-241-4020
㊖9：00～19：00
（日曜・祝日～18：00）
㊡第3日曜、不定休
最寄りバス停／沼田町
MAP→P153-B3

金澤大地　たなつや

［近江町市場内］

石川県に約200haの農地を持つ、オーガニックファーム「金沢大地」の店。収穫した農産物でつくるオリジナル商品を販売。

㊟金沢市下堤町19-4
☎076-255-1211
㊎9：00～18：00　㊡無休
最寄りバス停／武蔵ヶ辻・近江町市場
MAP→P151-C3

なめらかな舌ざわりの飲みやすい甘酒

とろとろ玄米甘酒
300mℓ 658円

有機米と有機米糀でつくる甘酒。甘さ控えめで、米の香りがほのかに漂うやさしい味わい。アルコール不使用なので、子どもでも安心。

心がほっとする素朴な味わい

オーガニック米あめ
プレーン280g　621円

有機米と有機大麦を使った、米本来の甘さが楽しめる米あめ。やわらかく、とても食べやすい。砂糖代わりに調味料として使っても。

大豆本来の味に出会える逸品

有機大豆100%使用 炒り豆
100g　280円

まさに有機大豆そのものの味。ひと粒で大豆の甘さが口いっぱいに広がる。そのまま食べても、ご飯と一緒に炊いても絶品！

能登の食を支える昔ながらの調味料

いしり150mℓ 432円
いしりポン酢
150mℓ 486円

奥能登に古くから伝わるいかの魚醤、いしり。新鮮ないかに塩をかけ、2年以上熟成させて完成。鍋物にはいしりポン酢がおすすめ。

柚子と糀の風味にご飯がどんどん進む

奥能登　ゆず糀
540円

能登町でつくられた醤油、柚子、米糀が原料。柚子のさわやかな香りと糀のコクのある甘さが一体となって、たまらないおいしさに。

ワインやビールに。香ばしい豆腐の燻製

畑のチーズ みそ味 500円
しお味 400円
いしり味 400円

能登地方柳田村の豆腐を、木炭と桜材で20時間かけて燻製に。チーズのような食感で、おつまみにもぴったり。能登空港でも人気。

能登 里山里海市場

［近江町市場内］

石川県能登町のアンテナショップ。能登町でとれた野菜やきのこなどの生鮮食品、いしりなどの加工食品を、約400点販売。

※能登 里山里海市場の商品はすべて税込です。

㊟金沢市青草町88
近江町いちば館B1
☎076-207-5462
㊎10：00～18：00　㊡無休
最寄りバス停／武蔵ヶ辻・近江町市場
MAP→P151-C3

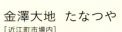

極上
削り

ふだんは1貫ずつ順番に。好みのネタを、握ってもらうこともできる。

018

寿司｜金沢市片町

酒菜 きく家

佐々野経史さん・留衣さん

カウンター6席の小さな店で
おいしい寿司を手軽に

お客さんとの距離が近いのが魅力。自然とお客さんどうしの会話も弾む。奥さんの留衣さんも店を手伝う。

金沢の繁華街・片町の路地裏。小さな屋台のような店が並ぶ中央味食街に、佐々野経史さんが営む「酒菜 きく家」はある。

カウンター6席だけの店内は、いつも地元の人や観光客でにぎわう。メニューは「寿司おまかせ握り」と「刺身盛り合わせ」のみ。

「おまかせなら、いかや白身などの淡泊なネタから食べ始め、穴子やまぐろなどの脂がのったもので締めるという、流れも含めて寿司を楽しんでもらえる。それに、お客さんは知らなかった魚に出会え、魚の無駄も出ない。いことずくめなんです」

小学生の頃から料理が好きだった佐々野さんは、調理師学校の学費を貯めるために寿司屋でバイトを始めて、この道にはまった。金沢をはじめ、東京や名古屋でも経験を積んだのち、2011年にきく家を開店した。

毎朝、佐々野さんは近江町市場の信頼する魚屋で、魚を厳選して仕入れる。その足でまっすぐ店に来て、開店までに約40種類のネタを仕込む。

魚は地場のものに限定せず、その時季に一番おいしいものを。

「味に工夫を重ねていくのが楽しい」と佐々野さん。

「自分には、こだわりなんて格好いいものはなくて。いい魚を仕入れ、丁寧な仕事でおいしい寿司を出す。職人として当然のことをしているだけなんです」

寿司をいただくと、いかや万寿貝には甘みを引き出すように、こまかな包丁が入れられている。太刀魚は火であぶって旨味を閉じ込め、かぼすでさっぱりと。シャリや醤油、手酢には昆布の旨味をたっぷり含ませ、寿司全体に一体感を生み出している。20貫を食べても4500円ほど。その価格にも驚かされる。

「味だけでなく価格も含めての満足感だと思うんです。それに自分は、高級店の雰囲気がどうも苦手で。この店は、肩肘張らずに、いい寿司を安く楽しめる場所でありたいと思っています」

㊟金沢市片町2-13-8 中央味食街
☎080-1969-3380
(※事前の予約をおすすめします)
㊮18：00～ネタがなくなりしだい閉店
㊡日曜・祝日
最寄りバス停／片町
MAP→P153-B1

(右)「お客さんとのひと言ひと言を大切に」と荒木さん。(左)人気のポテトサラダとれんこんまんじゅう。

019

和食｜金沢市本多町

酒屋 彌三郎

荒木和男さん

「ありがとう」のひと皿で、おもてなし

金沢生まれの荒木和男さんは、大学時代に通った地元のカフェがきっかけで、飲食の仕事に興味をもった。

卒業後、金沢の飲食店に2年間勤めるも、「いつか地元で店を開くために、料理や店づくりの新しいスタイルを学びたい」と東京へ。下北沢の和食店や、ワインと和食をテーマにした「銀座KAN」で10年間修業した。

「一番学んだのは、お客さんはもちろん、業者さんやスタッフへも感謝の気持ちをもつ大切さでした。思いやりをもって接すれば、『今日はこんないいものが入っているよ』と業者さんが教えてくれる。スタッフが丁寧な仕事をしてくれる。自分の仕事の柱にしようと思いました」

2013年7月、店を開くために帰郷。新しいものに囲まれた、東京での暮らしの中で、「建物や器など、古いものが残っているのが金沢の魅力」と気づいた荒木さんは、築100年を超える古民家を改装し、2014年3月、「酒屋彌三郎《やさぶろう》」をオープン。器は骨董屋や実家の蔵で見つけた古いものを並べた。

料理はワインとの相性を楽しむ和風創作。ポテトサラダにワインとパンチェッタを使ったソースをかけるなど、修業の経験をいかしている。

「お客さんに心から楽しんでもらいたいので、会話からご気分を察し、料理やワインをご提案しています」

食材は、味だけでなく、人柄も信頼できる生産者や業者から。鮮度を落とさないよう、スタッフ全員で手際よく仕込んでいく。

「いい仕事をするためには、何でも話せる関係が最も大切です。だから、まかないはみんなで食べるようにしています」

業者、スタッフ、お客さんと、多くの人に支えられている荒木さんの料理。どんどん箸が進むのは、思いやりという隠し味が効いているからに違いない。

作家に別注した、オリジナルの器も。棚に飾るように並べ、お客さんに楽しんでもらう。

仕事の悩みやプライベートの話もする、まかないの時間。まるで家族が食卓を囲んでいるよう。

㊟金沢市本多町3-10-27
☎076-282-9116
㊒17：30～24：00（L.O.23：00）
㊡日曜・祝日　駐車場1台
最寄りバス停／本多町、幸町
MAP→P153-C2

（右）金沢は、魚も野菜も、朝とれた新鮮なものが手に入るのが魅力。（左）生産者への思いを込めて、食材の持ち味をいかすように調理する。

仕入れは金沢港の網元が営む魚屋で。鮮度はもちろん、魚の扱い方がとても丁寧で状態もいいそう。

020

おでん｜金沢市香林坊

おでん よし坊

越田皓太さん・良枝さん

受け継いだ味に工夫を加えて
よりおいしいおでんを

金沢の中心部の香林坊で、50年以上続く「おでん よし坊」。平日は周囲で働く人たちで、週末は観光客や家族連れでにぎわう。

「うちのお客さんは、いい方ばかりで。いつもこちらが笑わせてもらっています」

そう話すのは、3代目の皓太《こうた》さん。現在、母親の良枝さんと二人で、店を切り盛りしている。

じつは5年前、良枝さんのご主人である先代が亡くなられ、よし坊は一時のれんを下ろした。

「息子に継げと、主人はひと言もいいませんでした。自分の好きなことをすればいいと。私も同じ気持ちでした」(良枝さん)

高校を卒業後、皓太さんは入院していた父親に代わって、1年ほど店を手伝っていた。

「店を閉じたあとにほかの仕事を経験してみて、改めて自分で味などを工夫できるこの仕事のおもしろさを実感しました。お客さんとの会話も楽しくて。再

家庭的なあたたかい雰囲気が魅力。カウンターの奥や2階には座敷も。写真右奥が良枝さん、その手前が皓太さん。

地ものの香箱のかに面は11月7日から年内、オスのかに面は11月7日から3月20日まで提供(1180円〜)。

開を望んでくれた常連さんにも背中を押していただき、継ぐことを決めたんです」(皓太さん)

よし坊を再開したのは、2010年のこと。お客さんが心待ちにしていたメニューの一つが、冬季限定の「かに面」だ。金沢で〝香箱がに〟と呼ばれるズワイガニのメスの甲羅に、1匹分以上のかにの身や内子(未成卵)、外子(卵)、ミソを詰め込んだ贅沢な一品。ひとまわり大きい、オスの「かに面」もある。地もののばい貝や手摘みわかめ、金沢春菊のおでんをはじめ、毎朝、金沢港で仕入れるあじの刺身、しめ鯖などの一品料理も人気。

「おでんや一品料理で、手軽に金沢らしい食材を味わっていただけたら」(良枝さん)

再開から4年、今では出汁の仕込みは皓太さんが行っている。

「受け継いだ味を大切にしながら出汁のとり方を工夫したり、新しい具材を研究したりすることで、お客さんによろこんでもらえる、よりおいしいおでんをつくっていきたい」(皓太さん)

㊟金沢市香林坊2-4-21
☎076-221-8048
㊎17：30〜23：30
㊡日曜・祝日　最寄りバス停／香林坊
MAP→P153-C1

味よし、人よし。

地元の人が通うお食事処

食レベルの高い金沢のなかでも、
おいしいと評判の店を選りすぐって紹介。

焼き鳥 ランチあり

ひがしやま ちょう吉 ［東山］

長年、地元で愛される焼鳥屋の親子丼

東山で50年続く焼鳥屋の3代目が新たに始めたランチタイムの親子丼。ご飯全体にふんわりとからむのは能登どりの卵。備長炭で焼いた地養鶏が香ばしい。隠し味には地元大野の醤油を。

(住)金沢市東山1-2-13　☎076-251-1306
(営)11：30～14：00、17：30～23：00
(休)日曜　駐車場3台　最寄りバス停／橋場町
MAP→P150-D3

1

2

1.ボトルキープの数が常連客の多さを物語る。2.店は、観光地として人気の「ひがし茶屋街」のすぐ近く。

卵を丁寧にとき、卵かけご飯のような食感に（740円・昼限定）。

魚串焼き

南山 ［片町］

金沢・能登の旬な魚のおいしさを

店主は能登の漁師町出身。地場の魚のおいしさを堪能してほしいとメニューは魚介のみ。旬の魚のお造りや魚串、能登の岩のりのあんをかけた出し巻などが人気。

なんざん　(住)金沢市片町2-10-19 ロイヤルプラザ片町1F　☎076-260-6321　(営)17：00～23：00（L.O.22：00）　(休)不定休　駐車場1台　最寄りバス停／香林坊　MAP→P153-B1

1

2

1.店主は金沢や京都の日本料理店で修業。2.ゆったりできる店内。日本酒は能登杜氏のものを中心に。

5種類の魚が一度に味わえる魚串（1000円・税込）。骨を抜いて食べやすく。

ふだんは揚げたてを一品ずつ。加賀野菜や能登原木しいたけなども。

天ぷら ランチあり

天ぷら 小泉 [池田町]

食材の香り、旨味をいかした天ぷらを

東京や大阪の料亭、寿司屋で15年修業した店主が営む。地元の新鮮な魚介や野菜、山菜、きのこなどを、関西風のくせのない紅花油でさっと揚げ、食材そのもののおいしさを引き出して。

㊟金沢市池田町四番丁34　☎076-223-0023
㊢12：00～14：00、17：30～22：00（L.O.）※要予約
㊡水曜　最寄りバス停／片町
MAP→P153-B2

1.カウンターで揚げる音やにおいも楽しんで。
2.2015年3月に移転オープン。

お造りや酢の物、自家製豆腐など見た目もおいしいランチ（814円）。

日本料理 ランチあり

日々魚数奇 東木 [此花町]

旬の食材を、季節の風情とともに

その日揚がった新鮮な地場の魚や季節の食材を、気軽に楽しめる店。ランチには10品がずらり。夜はコース料理を（3800円、5500円、要予約）。

ひびさかなずき とうぼく　㊟金沢市此花町1-6
☎050-5869-1992（予約）、076-224-4266（問い合わせ）
㊢11：30～14：00（L.O.13：30）、
18：00～23：00（L.O.22：00）　㊡水曜
最寄りバス停／リファーレ前　MAP→P151-C2

1.随所に花を飾り季節感を。2.修業は京都、東京の料亭で。日本酒も新酒やにごり酒など旬のものを。

居酒屋

浜の ［木倉町］

とれたてのたこのおいしさを実感

2

3

新鮮なたこを使った和食が自慢。たこは生きたまま調理するため、コリコリとした食感があり、旨味もたっぷり。刺身はもちろん、天ぷらや炊き込みご飯もおすすめ。

(住) 金沢市木倉町4-5
☎ 076-261-0377
(営) 17：00〜24：00（L.O.23：30）
(休) 月曜
最寄りバス停／片町
MAP→P153-B1

1

1. タコの天ぷら、タコしそごはん（ともに550円・税込）。2. 白身魚のすり身が入ったレンコンまんじゅう（650円・税込）。3. たこ以外の魚料理も充実。

自然食　ランチあり

亜汰 ［野町］

有機野菜でつくるおふくろの味

2

3

名物「亜汰ごはん」は、焼き魚、和え物、煮物など約15種類ものおかずがのって850円（税込）。野菜は有機・無農薬を使用。自家製ルーでつくるシンデレラカレーも野菜いっぱい。

あた　(住) 金沢市野町2-32-9
☎ 076-207-7365
(営) 11：30〜18：00、18：00〜21：00
(休) 月曜、日曜不定休
最寄りバス停／野町広小路、にし茶屋街
MAP→P153-B2

1

1. 野菜は信頼できる農家のものだけ。2. 築80年の町家を店主自らベンガラ色に塗って改装。3. アジアン雑貨や作家の小物・アクセサリーの販売も。

居酒屋

いっさん ［此花町］

京都のおばんざい文化を金沢に

2

3

京都で修業し、金沢駅近くの別院通りに店を構えて26年。イワシのしょうが煮やブリ大根煮など、毎日市場で仕入れる食材でつくる家庭的な料理に、県外からのファンも多い。

(住) 金沢市此花町1-7
☎ 076-222-9445
(営) 18：30〜23：30
(休) 日曜
最寄りバス停／リファーレ前
MAP→P151-C2

1

1. とろろ昆布がのったブリ大根煮にニラ玉焼（ともに600円・税込）。2. カウンター越しのご主人との会話も楽しい。3. 店名をつけた特製純米酒も。

1

おでん　ランチあり

黒百合 ［金沢駅］

50年以上続く、おでんの老舗

昆布やさばからとる香ばしい出汁は、創業当時からの注ぎ足し。具材によく染み、おいしさを引き立てる。具は大根や車麩など約30種類。定食(680円・税込～)もあり。

2

3

くろゆり　㊟金沢市木ノ新保町1-1
金沢百番街「あんと」内
☎076-260-3722
㊔10：00～22：00 (L.O.21：30)
㊡無休　最寄りバス停／金沢駅
MAP→P151-B2

1.治部煮や白山堅豆腐など郷土料理も充実。2.おでんは玉子や梅貝も人気。3.地元客の金沢弁が飛び交う、人情あふれる雰囲気。

1

居酒屋

味楽 ゆめり ［本町］

能登の新鮮な魚と地酒で乾杯！

能登・宇出津港出身のご主人が、その日の朝にとれた新鮮な魚を豪快にふるまう。魚一匹を注文し、いろんな料理に調理してもらうことも。備長炭で焼く能登豚料理も隠れた名物。

2

3

あじらく ゆめり　㊟金沢市本町1-3-33
☎076-255-3999
㊔18：00～23：30 (L.O.23：00)
㊡日曜(月曜が祝日の場合は月曜のみ休)
駐車場2台　最寄りバス停／リファーレ前
MAP→P151-B2

1.9種類の魚がのった、お得な刺身盛り合わせ(2人前2700円・税込)。お酒はすべて能登の地酒。2.3.上品なしつらい。カウンター、テーブル席もあり。

1

炭火焼き

町屋ダイニング あぐり ［長町］

炭火焼き料理と季節の釜飯が評判

ひと手間加えた野菜や肉を、備長炭でカリッと焼き上げて提供。香ばしいにおいが食欲をそそる。釜飯は旬の魚や野菜がたっぷり。石川県産コシヒカリのおいしさも楽しんで。

2

3

㊟金沢市長町1-6-11
☎076-255-0770
㊔17：00～24：00 (L.O.23：00)
㊡月曜
最寄りバス停／香林坊、南町・尾山神社
MAP→P151-B4

1.焼き野菜の盛り合わせに、鶏もも肉の炭火焼き。鯛とイクラの釜飯も人気。2.酒は地元の「手取川」がメイン。3.一人でも気軽に利用して。

愛されて何十年!!

金沢っ子のソウルフード

週末の家族の外食といえばこれ。
みんなこの味を食べて育ちました。

8番らーめん

野菜の旨味、ボリュームともに満点！

1967年、加賀市国道8号線沿いで、小屋同然の粗末な店からスタート。野菜をたっぷりのせたラーメンは当時から大好評で、今ではタイや香港にも出店するほど。おいしさの秘密は、野菜を瞬時に炒め、旨味を閉じ込める独特の調理法にあり。しゃきしゃきの食感、スープと一体となったその味に驚くはず。

野菜らーめん
560円
野菜をスープと一緒に炒めることで、一体感が生まれる。麺はスープによくからむ、コシのある太麺。味噌、塩、醤油など全5種類。

[取材協力] 8番らーめん 泉ヶ丘店

(住) 金沢市泉野出町4-3-32
☎ 076-243-8848
(営) 11:00〜24:00
(休) 無休　駐車場29台
最寄りバス停／伏見新町
MAP → P149-B3

※そのほかの店舗情報はHPをご覧ください

8番餃子
240円
国産の肉、野菜、小麦でつくるジューシーな一品。パリッとした皮もおいしい。野菜らーめんと餃子の8番セット（780円）も人気。

中華のチュー

家族で出かける中華料理店ならここ

家庭的な中華料理をリーズナブルに味わえる、庶民に馴染み深い店。市内に数店舗あるが、店主のこだわりで店ごとにメニューも味も異なる。「中華のチュー 白菊店」は、ジューシーな鳥のからあげと、お客さんのオーダーから生まれるユニークなメニューが特徴。おなかいっぱい食べたいときは、ぜひ足を運んで。

鳥のからあげ
830円（税込）
カリッとした衣の中から、ジュワッと染み出る肉汁が最高！　醤油やにんにくの香ばしい香りが口いっぱいに広がる。

カレー入り天津飯
880円（税込）
「カレーも天津飯も食べたい」という常連さんの声から生まれた、オリジナルメニュー。複数のスパイスが効いた自家製ルーも美味。

[取材協力] 中華の白菊チュー

(住) 金沢市白菊町2-12　☎ 076-241-6776　(営) 11：00〜15：00、17：00〜21：00
(休) 木曜　駐車場9台
最寄りバス停／白菊町
MAP → P153-A2

芝寿し

金沢の伝統的な押し寿司の弁当

1958年創業。東芝のショールームで電気釜を販売していた創業者が、実演販売用の米を活用しようと、寿司をつくり販売したのがきっかけ。以来、お花見や運動会など、地域の行事には欠かせない存在に。郷土の押し寿司「笹寿し」をはじめ、色とりどりのおかずが入った弁当やおはぎセットなど種類豊富。

三味笹寿し10個入り
990円

紅鮭、小鯛、鯖の笹寿しをセットにした定番商品。特製ブレンド酢でつくる、少し甘めの酢飯が特徴。単品販売もあり(95円〜)。

金沢日記
800円

やさしい味つけの料理を詰め込んだ、会席風の弁当。ご飯ものはお寿司のほかに、炊き込みご飯のおにぎりも。旅のお供にどうぞ。

[取材協力] 芝寿し 金沢百番街店

㊟金沢市木ノ新保町1-1
金沢百番街「あんと」内
☎076-261-4844
㊔8：30〜19：00 ㊡無休
最寄りバス停／金沢駅
MAP→P151-B2

※そのほかの店舗情報はHPをご覧ください

加登長

100年以上、金沢で愛されるうどん

明治24年創業。金沢のうどんは麺がやわらかく、薄味でやさしい甘みのある出汁が特徴。「創業当時から変わることなく金沢の人に親しまれてきたうどんを、ぜひ味わっていただけたら」と5代目の吉田浩さん。加賀野菜の天ぷらや治部煮など、金沢ならではのメニューも用意。金沢市内に19店舗を展開。

たぬきうどん
750円

刻んだ薄揚げをうどんの出汁で煮込み、上にあんをかけてしょうがをのせたのが、金沢のたぬきうどん。体の芯から温まるおいしさ。

犀川弁当
1000円

金沢の郷土料理「治部煮」が、手軽に味わえる弁当。鶏肉やすだれ麸、しいたけに、とろみのある甘めの汁がからまって美味。

[取材協力] 加登長総本店

かどちょう ㊟金沢市下近江町42 ☎076-221-0435
㊔10：00〜15：00 ㊡水曜
駐車場2台 最寄りバス停／武蔵ヶ辻・近江町市場
MAP→P151-C3

※そのほかの店舗情報はHPをご覧ください

“MACHIYA” GUIDE

金沢町家ガイド

金沢には町家を改装した
カフェやショップが点在します。
そのなかでも、一度は訪ねてみたい
ユニークな町家の活用例を紹介。
懐かしさと新しさ、両方を感じて。

Atelier & Shop

ひがしやま荘

ものづくり人が同居する
フロアごとに楽しい一軒家

n°1

町家 × シェアアトリエ

「ひがしやま荘」という名は全員で話し合って決めた。(住) 金沢市東山1-4-33　MAP→P150-E3

ひがしやま荘は、昭和13年築の建具店を活用したシェアアトリエ。町家の継承と活用を推進するNPO法人「金澤町家研究会」の奥村久美子さんが、建具店のご家族から「若い人の活動の場として使ってほしい」と依頼を受け、2013年4月に誕生した。入居者は、陶芸家のマイケル・ケリーさん、活版印刷を行う松永紗耶加さん、箱創作チーム「ハコヤ」の松原大輔さんと橋川貴裕さん、絵画作家の冨田真人さん（上写真・右）と久保ひかるさんの5組。

「1周年には、ハコヤさんの箱に各自が用意した商品を詰めたギフトBOXをみんなでつくり親しくなりました」（奥村さん）

最近は、松永さんがお隣さんとおかずを交換するなど、近隣住民との交流も生まれている。

「古いものを、今のスタイルに合わせて残すことが大切。このような事例を増やしたいです」

1

マイケル・ケリーさん

craftwork & zakka **akashu** 1F

憧れの町、東山で 大好きな器の魅力を発信

九谷の土を使った磁器や土の感触が残る陶器、銀彩を施した器など、マイケル・ケリーさんはシンプルで使いやすい作品をつくる陶芸家。週末はひがしやま荘で、自身の作品を中心に、全国の作家の器や古道具を販売する店「アカシュ」を営んでいる。「東山の町が大好きなので、ここは願ってもない物件でした。中庭にも一目惚れしました」

ほかの入居者とは、一緒に建物を補修したり、お客さんを紹介したりするうちに、仲よくなったそう。みんなから依頼され、ひがしやま荘のロゴを描いた、焼き物の看板も制作した。「町の人に、『ひがしやま荘でおもしろいことやっているから行ってみよう』と気軽に思ってもらえるように、オリジナル商品やイベントを充実させたいです」

2

3

4

1.アメリカで陶芸を学ぶも、「料理を引き立てる日本の器を学びたい」と金沢へ。2.面取り加工を施した、九谷磁器の花瓶。磁器のランプシェードやワイングラスも制作。3.青銅っぽい雰囲気の器も得意。4.土のあたたかみを感じるぐい飲みは、最近のヒット作品。

アカシュ　㊔土曜、第2・4日曜10：30～18：00　http://akashu.exblog.jp

1

松永紗耶加さん

活版印刷　ユートピアノ　1F

一字一字に思いを込めた美しい活版印刷

活版印刷で名刺やはがきを制作する松永紗耶加さんは、古本や昔の書体が好きで、活版印刷に関心をもっていたところ、富山県の活版印刷会社と出会う。「そこが廃業すると知り、『こんなに美しいものをなくしたくない！』と、思いきって技術と道具を受け継ぎました」

工房は、金澤町家研究会の奥村さんの紹介でひがしやま荘に。「古い建物に活版印刷の道具が馴染むんです。『昔からここにあったみたいだね』とよくいわれます」

そして、大好きなＮＨＫのドラマ『四季・ユートピアノ』にちなみ、名前をつけた。

「何にも似ていない独特さと新鮮さがあり、感動しました。私もいつか、こんなふうに人の心を動かせる仕事をするのが夢です」

2

3

4

1.譲り受けた道具を大切に使う。2.工房では制作風景や道具を見学できる。3.使い込まれた道具に歴史を感じる。もう製造されていない道具も。4.名刺(右)と年賀はがき(左)。年賀はがきの「賀」の文字は、異なる書体の「力」「口」「貝」を合わせて個性的に。

㊎金・土曜11：00～18：00　※その他の曜日はお問い合わせください　☎080-3103-9450　http://www.utopiano-kanazawa.com

1

松原大輔さん（左）・橋川貴裕さん（右）　HACO;ya　中2F

二人の手にかかれば箱の可能性は無限大！

金沢市の紙器メーカー「マツバラ」の松原大輔さんと、企画の橋川貴裕さんが、「商品パッケージ以外の箱の可能性を追求したい」と2011年に箱創作チーム「ハコヤ」を結成。「あの箱、この箱、その箱」をはじめ、数々のユニークな作品を制作し、2013年、ひがしやま荘にショールームをオープンした。

「ここはひがしやま荘の中でも奥の部屋。みなさん、探検気分で来てくれます」（松原さん）

ほかの入居者との会話が、創作のヒントになることも。

「ものづくりしている人ばかりなので、いろんなアイディアが出るんです」（橋川さん）

「今後は、お客さんと箱の座談会を開きたいですね。いろんな意見を聞き、箱の可能性を高めていきたいです」（松原さん）

2

3

4

5

1.二人は専門学校の同級生。2.「あの箱とって」と会話のきっかけになる、「あの箱、その箱、この箱」シリーズ。3.ひがしやま荘唯一の和室。窓から中庭が望める。4.のれんも二人がデザイン。5.小物などを収納できる「とび箱」シリーズ。

ハコヤ　http://haco-ya.com　※営業日はHPでご確認ください

n°2

町家×シェアショップ

Machiya5

町家をシェアすることで
長く使われる場所に

金沢駅から徒歩8分にある町家を改装し、2013年4月に開店した「マチヤファイブ」。カフェや雑貨店が入るシェア町家として活用されている。設計したのはコロコロアーキテクトの高橋佳寛さんと井上和子さん。二人は不動産業も手がける。
「私たちは、町家を長く使われる建物に再生したい。そのために家賃設定や資金面など総合的にサポートしています。使われる町家が増えることで、町の魅力も高まればうれしい」

1.外観は町家の趣をいかして。2.6.7.奥の離れには「ジャルダン」が。3.4.5.「.en」に並ぶかわいい雑貨。8.コロコロアーキテクトの二人。

colocolo architect

金沢と京都に事務所を構え、建築と不動産の両方を手がける。単に町家を再生するだけでなく、事業化することで継続的に活用する提案が得意。金沢の事務所の建物も、シェア町家として活用している。

コロコロアーキテクト
㊟金沢市安江町12-29　☎076-261-7550　最寄りバス停／リファーレ前
※訪問の際は、事前にご連絡を。
MAP→P151-C2

CAFE 安江町ジャルダン

2014年2月にオープン。加賀れんこんを使ったドリアや能登の宝達くずのゼリーなど、食材はなるべく地元のものを使用。ふわふわの厚焼きパンケーキも人気。週末は22時まで。ワインやビールも。

㊟金沢市安江町18-12　☎076-254-1654　㊋月・水・木曜11：30～L.O.19：00、金～日曜11：30～22：00（L.O.21：30）　㊡火曜　最寄りバス停／リファーレ前　MAP→P151-C2

.en

HASAMIのカップや中川政七商店のふきん、星燈社のレターセット、ザリーナのエスプレッソメーカーなど、国内外の良質かつデザインにすぐれた雑貨がずらりとそろう。輸入インテリアや家具なども。

エン　㊟金沢市安江町18-12
☎076-256-1232
㊋11：00～20：00
㊡火曜　最寄りバス停／リファーレ前
MAP→P151-C2

夏には用水路沿いで、流しそうめんを楽しむイベントも開催。

n°3

町家×ゲストハウス

Pongyi

人と人のつながりを大切に
アットホームなゲストハウス

目の前にきれいな鞍月《くらつき》用水が流れる、築100年以上の元呉服屋を改装したゲストハウス「ポンギー」。

宿泊者どうしを紹介したり、節分や七夕など季節ごとにイベントを開催したり、国際交流も楽しめるアットホームな雰囲気が魅力。

また、宿泊費のうち100円を、アジアの子どもたちへ寄付している。

ポンギー
㊟金沢市六枚町2-22
☎076-225-7369
㊢チェックイン15：00～21：00、チェックアウト～10：00
㊕1泊2592円～
最寄りバス停／金沢駅
MAP→P151-B3

歴史ある蔵を改装してドミトリーに。個室も1部屋用意。

n°4

町家×工房

金澤町家職人工房

町家を保存・活用しながら
若手作家の独立を支援

金沢市では、街中の町家を工房として若手の工芸作家に貸し出し、独立のための経験を積んでもらう「金澤町家職人工房」の事業を、2009年度から行っている。使用期間は最長3年。家賃の半額を入居者が負担する仕組みとなっている。

1棟目の金澤町家職人工房東山に続き、2014年には2棟目の観音通りがオープン。工房は開放されており、入居作家の作品や制作の様子を間近に見学できる。

東山

加賀象嵌の技法をいかした、色合いの美しいアクセサリーなどを手がける前田真知子さんの工房。金工のワークショップも開催。2階では定期的に企画展も。

㊟金沢市東山2-1-21　☎076-252-5101
㊡不定休(ブログで確認を　http://meichibi.exblog.jp/)
最寄りバス停／東山　MAP→P150-E2

観音通り

「三味」というカフェの奥にある蔵が工房。入居するのは金工作家の古田航也さん。カエルやタコなど可動式の自在置物に鎧を着せて、現代的な遊び心ある作品に。

㊟金沢市東山1-15-13　☎076-252-4033
㊢10：00～17：00　㊡水曜　最寄りバス停／橋場町
MAP→P150-E3

海のすぐそばに立つ、ヤマト醤油味噌。醤油蔵を訪ね歩くのも楽しい。

＼ちょっと足をのばして／

醤油の町 大野

金沢港の隣に広がる大野町。港からの潮風が、
醤油の香りとともに安らぎも運んでくれます。

ACCESS

JR金沢駅より徒歩（約３分）で中橋バス停へ。61番大野行き、または63番大野港行きに乗車。大野バス停または大野港バス停で下車。

大野町は石川県の醤油蔵65社のうち20社が集まる、県内一の醤油の産地。大野醤油の歴史は、1615年頃、大野の町人・直江屋伊兵衛が紀州湯浅で醸造法を学び、持ち帰ったことに始まるとされる。醸造に適した湿潤な気候ときれいな水、さらに加賀百万石の城下町・金沢の消費地が近いなど条件に恵まれ、大いに発展。全国５大名産地の一つに数えられるほどに成長した。

町家が続く、昔ながらの町並みが残っているのも魅力。路地に入ると、古いものを大切にする暮らしぶりに出会える。駆け回る子どもたちに、軒先に座るおばあちゃん。まるで昭和にタイムスリップしたかのようで、懐かしい風景に心癒される。

また最近では、醤油蔵を改装した、ギャラリーやカフェも誕生。ちょっとした散策スポットとして注目を集めている。

テーブルや椅子には醤油を醸造する桶や樽を。店内はギャラリーとしても活用。

もろみ蔵

地元の有志が集まり、醤油蔵を活用した最初の例として1998年にオープン。大野の醤油を使ったソフトクリームや焼きおにぎり、ぶっかけうどんなどが味わえる。店内では醤油はもちろん、味噌や漬物などの地元特産品も販売。

㊟金沢市大野町2-39
☎076-267-6638
㊔11：00～18：00
(土・日曜・祝日10：00)
㊡水曜　駐車場20台
MAP→P154上

キャラメルのような
醤油の風味が！

醤油処 直江屋源兵衛

直江屋伊兵衛の製法を継ぐ醸造元として、1825年に創業。蔵を改装した店内には丸大豆醤油「もろみの雫」をはじめ、加賀野菜を使ったドレッシングやぽん酢など50種類が並ぶ。明治初期の町家(直江家)も併設。

㊟金沢市大野町4-16
☎076-268-1300
㊔10：00～17：00
㊡水曜　駐車場6台
MAP→P154上

(右) 屋号を描いた木の看板。ひもを引くと現社長の似顔絵が。(左上) 大正期のロゴを貼った「もろみの雫」。(左下) 昔ながらの道具も展示。

発酵食美人ランチ(1500円・税込)は、電話もしくはネットで事前に予約を。

ヤマト醤油味噌

1911年創業。醤油・味噌の製造販売のほか、「麹を摂って、健康で美しく」をテーマに、さまざまな商品やレシピを開発している。敷地内の発酵食美人食堂では、玄米と発酵食品を使った野菜中心のランチを提供。女性に人気。

㊟ 金沢市大野町4丁目イ170　ひしほ蔵 ☎076-268-1210、発酵食美人食堂 ☎076-266-8500 (10：00～17：00)　㊔ひしほ蔵10：00～17：00、発酵食美人食堂11：30～14：00　㊡ ひしほ蔵 水曜、発酵食美人食堂 火・水曜　駐車場26台　MAP→P154上

戦後、醤油資材倉庫として使われていた建物。陶芸体験教室も実施(要予約)。

suetukuri

海沿いの町、河北郡内灘町に工房を構える陶芸家、岩﨑晴彦さんのショップ。砂のような色合い、ざらりとした手ざわり、凹凸のあるデザインは、内灘砂丘の風紋を思わせる。大皿からコーヒーカップまで種類豊富。

すえつくり　㊟金沢市大野町2-39
☎080-3761-3362
㊖10：00～17：00　㊡火～土曜
駐車場「もろみ蔵」のパーキング利用
MAP→P154上

ガラス工房 スタジオ・プラスG

ガラス造形家、市川篤さんの工房兼ショップ。器やアクセサリーなど、日常使いから芸術性の高いオブジェまで、さまざまな作品が展示されている。「ガラス素材のもつ多様な可能性が魅力です」と市川さん。その独創的な世界観にふれてみて。

㊟金沢市大野町2-39
☎090-8266-7490
㊖10：00～17：00　㊡月～金曜
駐車場「もろみ蔵」のパーキング利用
MAP→P154上

味噌蔵きくや

明治28年創業の味噌屋。古い蔵を改装し、2014年にカフェをオープン。自社の味噌と赤味噌をブレンドした手づくり田楽が人気(こんにゃく2本250円・税込、とうふ2本300円・税込)。香ばしい加賀産の紅茶もおすすめ。

㊟金沢市大野町5-66　☎076-267-0156
㊖11：30～15：30　㊡月曜、第3土・日曜　駐車場7台　MAP→P154上

ぎゃるり・いっかん

大野出身の陶芸家・中村博光さんと、奥さんの多喜美さんの工房兼ギャラリー。博光さんはサツマイモのつるや醤油に使う大豆の殻などを釉薬に、砂浜にできた風紋など自然を感じる器をつくる。陶芸教室も開催(事前予約)。

㊟金沢市大野町6-2　☎076-268-0864
㊖11：00～16：00
(変更の可能性あり。HPで確認を)
㊡日曜（教室は月～土曜、ギャラリーは土日のみ営業）　MAP→P154上

多喜美さんは、猫を中心にかわいい動物のオブジェを制作。

７種類の魚がたっぷりのった海鮮丼（1000円・税込）。

厚生食堂

金沢港で働く人たちの食堂。一般利用も可能で、市場で仕入れた新鮮な魚を使った定食をお手頃価格で味わえる。海鮮丼のほか、３種類の魚フライを盛った近海フライ定食（900円・税込）も人気。どちらもボリューム満点！

(住)金沢市無量寺町ヲ51 ☎076-268-1299 (営)11：00～14：00、17：00～21：00 (休)8月12日頃～19日頃、17：00～21：00は不定休　駐車場14台　MAP→P154上

店内に並ぶ器は、江戸末期頃の伊万里が中心。

金沢大野湊かたかご庵

古い器に宿る、職人の丁寧で静かな仕事に魅せられた上陽子さんが、2009年に開店。布やガラスなど、日本の手仕事の文化を受け継ぐ作品と、古い器などを組み合わせた企画展を開催。季節ごとのしつらいを楽しみながら学ぶ教室も。

(住)金沢市大野町3-4　☎076-267-5272　(営)11：00～18：00　(休)不定休　駐車場「山森商店」駐車場７番　http://hanagatami33.blog69.fc2.com　MAP→P154上

穏やかな時間が流れる夕方。日常を忘れて、のんびり散歩を。

1

4

3

2

1.2.二両だけのローカル線にゆられて。3.終点の鶴来駅。駅舎はレトロな雰囲気。4.木々に囲まれた表参道の先には、白山本宮・加賀一ノ宮の「白山比咩神社（しらやまひめじんじゃ）」が。縁結びの神社としても知られる。

＼ちょっと足をのばして／

ちん電にゆられ
名水の町 鶴来へ

霊峰・白山からの伏流水に育まれた
おいしいものに出会う小旅行。

金沢の野町駅から北陸鉄道・石川線に乗って南へ。住宅街を抜けると、田園風景が開ける。この電車は地元の日常の足。「ちん電」の愛称で親しまれている。

30分ほどで鶴来駅へ。鶴来の町は、白山から流れる手取川がつくる扇状地のつけ根にある。古い建物が続く町を歩くと、造り酒屋をはじめ醤油や酢の蔵元、糀屋、和菓子屋が軒を連ねる。

「鶴来は水がいいから、昔から醸造業が盛ん。うちの井戸は一度も枯れたことがないよ」と高田醤油のご主人。おいしいものとあたたかな人情に出会える鶴来へ、ちょっと足をのばして。

土日祝限定
1日フリーエコきっぷ

土日祝限定。大人500円、子ども250円で石川線が乗り放題に。観光施設の入場料が、割引になる特典も。

ACCESS

金沢駅西口5番のりばから、01～03番、香林坊経由・野町駅行きに乗り、野町駅バス停下車。野町駅から石川線に乗り終点の鶴来駅へ。

4

あさひ屋ベーカリー

大学時代に白山の山小屋でアルバイトをしていた店主が、鶴来の風景にひかれ、2004年に開店。国産小麦を使い、生地をひと晩熟成させることで、しっとり旨味の濃いパンに。干しぶどうの風味が香る天然酵母のパンも。

㊟白山市鶴来本町1-ワ101-1
☎076-272-4224　㋔7：00過ぎ～19：00
㊡日・月曜　駐車場3台
最寄りバス停／鶴来本町
MAP→P154下

1

2

1.天然酵母パンからあんドーナツやメロンパンまで種類豊富。2.広い縁側のようなイートインスペース。3.店主の大石さん夫婦。4.人気の蒸しパンは九州産のうどん用小麦を使ってもちもちした食感に。能登大納言や五郎島金時など地元食材を使った季節の蒸しパンも。

3

萬歳楽 本店

江戸時代から300年近く続く酒蔵。「山田錦」のほか、白山麓の農家が丹精込めて育てた「五百万石」や、地元農家と協力し復活させた「北陸12号」を白山の伏流水で仕込み、旨味と香りの高いお酒に。

まんざいらく
㊟白山市鶴来本町1-ワ-47
☎076-273-1180
㋔9：00～17：00
㊡火曜(祝日の場合は翌日)
最寄りバス停／鶴来本町
MAP→P154下

試飲が可能。北陸の梅で仕込んだ「加賀梅酒」も人気。

冬限定のかにそば(1500円)と、ぶっかけ(750円)。

高田醤油

鶴来の町で200年続く醤油蔵。防腐剤や化学調味料は使わず、料理の味を引き立てる醤油をつくり続けている。明治の建物では、店主が打った十割そばも提供。つゆにはもちろん自社の醤油を。

㊟白山市鶴来新町タ89-1
☎076-272-0102
㋔11：00～17：00
㊡水曜　駐車場5台
最寄りバス停／鶴来本町
MAP→P154下

金沢とわたし

金沢らしい仕事に就く12人が語る
この町のこと。日常のこと。

伝統を受け継ぎながら
時代に合うお酒を

［福光屋 杜氏］

板谷和彦さん

食べ物がおいしい金沢は外食文化が盛ん。飲食店も数多くあります。私も飲みに行くのが好きで、料理屋さんに行くと、店主の方やお客さんが「あのお酒おいしかったよ」とか、「もっとこうしたらいいのでは」とさまざまな感想をくださり、とても励みになります。町がコンパクトで、人と人の距離が近いのも金沢の魅力ですね。

酒づくりの道に進んで25年。この仕事に終わりはありません。1625年の創業から続く伝統を大切にしながら、新たなチャレンジを重ね、多くの方に喜んでいただけるお酒をつくり続けていきたい。

板谷さんのおすすめ

キレのよい飲み口の「加賀鳶」(右)と、蔵元限定の「福正宗 金澤」(左)。福光屋では契約農家が栽培した米と、白山を源流とする「百年水」を使い、純米酒のみを醸造。蔵元見学も行う（予約制）。

ふくみつや
㊟金沢市石引2-8-3
☎076-223-1117
㊫10：00～19：00
㊡無休(年末年始除く)
駐車場7台　最寄りバス停／小立野
http://www.fukumitsuya.co.jp
MAP→P152-F3

金沢が好きだから、芸妓になりました

金沢は、古い町並みや文化を積極的に守ろうとしている町。茶屋街もひがし、にし、主計《かずえ》と3つあり、これほど残っているのは全国的に珍しいそうです。そういう町で過ごしたので、子どもの頃から歴史や伝統芸能が好きでした。芸妓もその一つ。そこで大学4年のとき、この道に進もうと思ったんです。今年で6年目になります。

現在、金沢の芸妓さんは40人ほど。最近は一般の方に芸事を披露する、行政主催のイベントも増えました。それに関われるのが、何よりうれしい。金沢の伝統を、私なりに残していきたいと思います。

昼とは違う、夜の表情

お座敷のあと、お客さんを見送る際に通る、夜のひがし茶屋街の風景がお気に入り。「にぎやかな昼とは対照的に、静かで大人っぽい雰囲気に包まれます。夏の星空、冬の雪景色もすてきですよ」

東料亭組合事務所
㊟ 金沢市東山1-8-21
☎ 076-252-0588

[ひがし茶屋街芸妓]

唐子さん

[金沢 21 世紀美術館ミュージアムショップ 店長]

阿部徹也さん

くすっと笑える仕掛けを心がけています

知人から「ここの店長をやらないか」と誘われて、3年前に東京から移住しました。

この美術館は、みなさんから本当に愛されているんです。だから、ぼくらもその気持ちにこたえたいと、少しでも楽しんでいただけるよう工夫しています。「ART-ZOO」というミュージアムショップの企画で、動物モチーフのハンカチに、「ライオン界ハンカチ科」と書いたポップを貼って、動物園風に並べるとか。オリジナル商品も企画します。美術館だけではなく、ショップで見たことも、アイディアのヒントになるとうれしいです。

マイケル・リン《市民ギャラリー 2004.10.09-2005.03.21》2004

館内お気に入りの椅子

壁画を描いたマイケル・リンと、同館を設計した建築家・妹島和世＋西沢立衛／SANAAのコラボレーション作品。ここに座って見える、ヤン・ファーブルの『雲を測る男』も好きな作品。

(住) 金沢市広坂1-2-1　☎ 076-220-2800　(開) 展覧会ゾーン／10：00～18：00（金・土曜～20：00）、交流ゾーン／9：00～22:00、ミュージアムショップ／10:00～18:30（金・土曜～20：30）　(休) 展覧会ゾーン・ミュージアムショップ／月曜（祝日の場合は翌平日）、交流ゾーン／無休（年末年始除く）　(料) 展覧会ゾーン／展覧会観覧券（有料）が必要、交流ゾーン（美術館の建物への入館）／無料　駐車場 322台　最寄りバス停／広坂・21世紀美術館　MAP → P153-C1

［ 北陸鉄道 城下まち金沢周遊バス 運転士 ］

安達典子さん

レトロでカラフルな外観が目印です

主要な観光地を巡るこのバスの車窓から、毎日、金沢の町を見つめています。最近は外国のお客さまがとても増えました。私は生まれも育ちも金沢で、この町が好きなのでとてもうれしいです。

このバスは、地元の方の足にもなっています。以前、常連のおばあさんが「今日、私の誕生日だから、これをどうぞ」とパンをくださったことがありました。「この年になったら、誕生日はまわりの人に感謝する日なんよ」と話してくれて。とても大切なことを教わった気がします。そんなふれ合いも、運転士の楽しさの一つですね。

車内もレトロな雰囲気

外観だけでなく、車内もどこか懐かしい空間に。周遊バスは右回り、左回りがあり15分間隔で運行。大人200円、子ども100円。1日500円で乗り放題の1日フリー乗車券も。車内でも購入可能。(P155参照)

㊟ 金沢市割出町556(本社)
テレホンサービスセンター
☎ 076-237-5115
(8：00～19：00)
㊡ 無休
http://www.hokutetsu.co.jp/bus/loop

[廣誓寺 住職]

巽 亮光さん

10年前、先代から受け継ぎ、住職になりました。昔、お寺は「寺子屋」と呼ばれ、地域の学びの場として親しまれていたんです。そこで、現在の私たちもできることはないかと、近隣のお寺の住職3人で、若手作家や美術・デザインを学ぶ学生の作品を寺院で展示するアートグループ展「オテラート」を企画しました。お寺の歴史もわかると、多くの方にお越しいただいています。

今年で6回目、参加する寺院も増えました。これからも地域活動の拠点として、道に迷ったときの支えとして、みなさんのお役に立ちたいと思います。

みなさんにとって
寺をもっと身近な存在に

2015年オテラート情報

浅野川寺院群、小立野寺院群、寺町寺院群の10カ寺で、九谷焼や漆などの古典美術から、映像、現代アートまで、さまざまな作品を展示。伝統工芸体験や演奏会も企画。開催日は9月5日〜13日予定。

こうせいじ
㊟ 金沢市昌永町13-25
☎ 076-252-3592 (10：00〜18：00)
駐車場 数台
最寄りバス停／中島大橋、昌永町
http://www.kouseiji-zen.net
※訪問の際は事前にお問い合わせを。
MAP → P151-C2

帰ってきてもらうことが、よろこびだね

父がここを開業したのは、昭和32年。当時、金沢で洋食屋はまだ珍しかっただろうね。

修業は、金沢と縁があった東京會館の田中徳三郎さんを訪ね東京へ。昭和42年に店を継いだんだ。

長くやっていると、街の変化を感じるね。うちの近くは銀行が多かったけど、今は様子が違う。昼のお客さんの時間もバラバラになった。でもね、楽しいこともある。それは両親に連れられてきた子どもが、今度は自分の子どもを連れて来てくれること。お客さんに帰ってきてもらえる味を、せがれと一緒につくり続けたいね！

ハントンライス誕生秘話

ケチャップライスにまぐろのフライをのせた、金沢のご当地グルメ「ハントンライス」。じつはグリルオーツカで修業したスタッフが、昭和42年、新規店舗立ち上げ時に開発したもの。850円(税込)。

㊟ 金沢市片町2-9-15
☎ 076-221-2646
㊒ 11：30〜L.O.19：50
㊡ 水曜
最寄りバス停／香林坊
MAP → P153-B1

［グリルオーツカ 店主］

大塚昇二さん

［金沢海みらい図書館 司書］

小林京子さん

海の近くに立つ、開放感が自慢の図書館です

ここは日本人の建築家ユニット「シーラカンスＫ＆Ｈ」が設計した、金沢で一番新しい図書館。２階から３階が吹き抜けで、開放感は抜群です。約6000個の丸い窓にも秘密が。大中小のサイズがあり、光がたくさん入るように配置されているので、昼は照明をつけなくても明るいんですよ。

私は金沢出身で、大学卒業後、市の職員として働いています。地元ながら、金沢は四季折々の美しさがあっていいですね。特に、兼六園下や広坂周辺が好き。桜の時季は本当にきれいで、金沢に暮らしていてよかったと実感します。

閉館後の知られざる魅力

アメリカ旅行ガイド「フォダーズ」で「世界の魅力的な図書館ベスト20」に選ばれるほど、国際的な評価も高い建物。夜は館内の光がもれて、ライトアップされたような光景に。

㊟ 金沢市寺中町イ 1-1
☎ 076-266-2011
㊍ 10：00～19：00（土・日曜・祝日～17：00）
㊡ 水曜（祝日は開館）、特別整理期間
駐車場 100台
最寄りバス停／観音堂
MAP → P149-A1

［E.N.N. 代表（金沢R不動産／studio KOZ.）］

小津誠一さん

東京でも京都でもない、金沢らしさを

大学進学で金沢を離れ、東京や京都で建築の仕事をしてきました。10年前、金沢21世紀美術館ができるのを機に金沢でも仕事を始め、金沢R不動産を立ち上げたのが2007年。この10年で町家を改装してカフェや雑貨店を開く人など、魅力的な人が増えています。

新幹線が開通し、金沢がよりシビアに評価されるようになるとき、東京でも京都でもない「金沢らしさ」とは何か？　伝統を受け継ぎながら、革新を続けていくことが大切だと感じています。建築や不動産を通じて、金沢をおもしろくすることに関わっていきたい。

今、注目の物件はこれ！

ひがし茶屋街のほど近く。主計町茶屋街に隣接した100坪を超える町家を改装。石川・金沢の伝統的で革新的な商品を扱うショップなどが集う開かれた町家に。2015年3月オープン予定。

エン
(住) 金沢市新竪町3-61
RENNbldg
☎076-263-1363
最寄りバス停／新竪町
http://www.enn.co.jp
MAP→P153-C2

職人気質の父親の教えを大切に守って

先代の父親が始めたパン屋を受け継ぎ、今は私と工場長の弟を中心に、店を切り盛りしています。

創業から60年、100種類以上あるパンのなかでも、ストレート製法の食パンがうちの看板商品。昔ながらのこの製法は天候の影響を受けやすく、温度や湿度の管理がむずかしい。父親には厳しく仕込まれました。そんな父の「寒いなと思ったら母親がわが子に毛布をかけるのと同じ気持ちで、パンの生地と向き合うんやぞ」という言葉を、今も大切にしています。これからも金沢の方や観光客の方に、おいしいパンを届けていきたい。

60年変わらぬ製法で

添加物を一切使わずつくる食パンは、小麦本来の甘みが。口に入れるとふわりとほどける食感も魅力。さまざまな豆を入れた蒸しパン「アベノミクスパン」や「頭脳パン」、キャラクターパンも人気。

(住) 金沢市片町2-8-15
☎ 076-221-5560
(営) 8：30 〜 20：30
(日曜9：30 〜 19：00)
(休) 無休
最寄りバス停／香林坊
MAP → P153-B1

[パンブラザースアベ 代表]

阿部広幸さん(左)・英男さん(右)

英国の風情が、金沢には
見え隠れしています

［アイレットキャンティーン
コーヒー スタンド スタッフ］

小津絢子さん

　意外かもしれないですが、金沢とイギリスには似ているところが多いと思うんです。雨の日の多さや、木々の間からレンガがのぞく石川県立歴史博物館あたりのロケーションは、その代表格です。

　そう感じるのは、7年間イギリスに暮らしていた影響かもしれません。カフェで働きながら、料理と世界の広さを感じていました。

　帰郷し数店を経て、2014年からここで料理を担当しています。今一番の関心事は、石川県産の野菜や果物を使ったハーブティーの開発。地元ならではの味を、たくさんの人にお届けしたいです。

料理は遊び心を大切に

店がある彦三町は古くからの住宅地。「少しでも新しい風を」と、料理はイギリスで見聞きした世界各国のメニューをアレンジして提供。BGMは、同じフロアのお隣「エブリデイ・レコード」から。

㊟金沢市彦三町2-10-13
兼六ビル1F
☎076-201-8026
㊖11：00～20：00
㊡日曜・祝日
最寄りバス停／武蔵ヶ辻・近江町市場
MAP→P151-C2

[兼六園 庭師]

志々目 均さん

19才で庭師の仕事に就いたとき、高い木のてっぺんまで軽々と登り剪定する親方たちの姿を見て感動しました。親方たちに早く追いつきたいと、仕事を続けて27年。

毎日、剪定や肥料やり、消毒などで兼六園を見ていますが、この庭園には年じゅう見どころがある。春には桜や新緑、夏には葉を茂らせた木々、秋には紅葉、冬には雪吊りと、いつ来ても楽しんでいただけます。江戸時代から続くこの庭園の美しさを、後世に残すのが一番の仕事。丁寧な仕事で来園者の方にも喜んでもらえる兼六園を、守り続けていきたい。

兼六園の美しさを守るため
雨の日も、雪の日も

庭師がすすめる見どころ

冷え込んだ風のない雪の日、早朝に雪吊りの縄に雪が積もった風景は、とても美しいそう。11月・2月のライトアップ期間中、園内の中央にある霞ヶ池の水面に映る景色も、とてもおすすめだとか。

㊟ 金沢市兼六町1-4
☎ 076-234-3800(石川県金沢城・兼六園管理事務所)
㊡ 7：00～18：00（10月16日～2月末日8：00～17：00） ㊡ 無休
㊖ 大人310円、子ども(6才～18才未満)100円
最寄りバス停／兼六園下・金沢城
http://www.pref.ishikawa.jp/siro-niwa/kenrokuen
MAP → P152-D1

銭湯の値段で、温泉が満喫できます

冬場寒い金沢には、銭湯好きの方が多いような気がします。れもん湯にも、毎日のように来てくださる常連さんがたくさんいます。ここのお湯は温泉で、コーヒーのような深い色が特徴。私もよく入りますが、体の芯からあたたまり、出たあとも長い間ポカポカ。お肌もツルツルになりますよ。お客さんも、みなさんお肌がピチピチ。美男美女ぞろいです(笑)。

今年で、れもん湯は29年目。私は番台に立って15年目になります。顔なじみのお客さんも増え、いろいろなお話をしながら、毎日楽しく働かせてもらっています。

れもん湯を満喫！

れもん湯では、サウナは入浴料に含まれている。サウナの入り口にある飲料水は井戸水。まろやかで、とてもおいしい。浴室の奥には、打たせ湯やプールも。2階は個室の貸切風呂になっている。

(住) 金沢市有松3-11-6　☎076-243-0626
(営) 10：00～24：00(受付～23：00)
※2F貸切風呂はお問い合わせください
(休) 月曜(祝日の場合は翌日休)
(料) 大人440円、小学生130円、幼児(0才～)50円
2F貸切風呂1500円～(大人2名1時間)
最寄りバス停／寺地、上有松
MAP → P149-B3

[有松温泉元湯 れもん湯 スタッフ]

髙 逸子さん

地元の情報通に聞いた

おすすめ"口コミ"情報

Cafe & Sweets
カフェ・お菓子

coll [幸町]

手づくりのサンドとおいしいコーヒーを。土日のみ開店。

コル (住)金沢市幸町6-23 (営)土曜11：00～19：00、日曜9：00～18：00 (休)ブログにてご確認を MAP→P152-D3

純喫茶ローレンス [せせらぎ通り]

1966年創業の、五木寛之も愛したレトロな純喫茶。

(住)金沢市片町2-8-18 ファミリアビル3F ☎076-231-1007 (営)14：00～19：00 (休)不定休 MAP→P153-B1

あうん堂 [東山]

コーヒーの香り漂う古本屋。「二三味珈琲」も味わえる。

(住)金沢市東山3-11-8 ☎076-251-7335 (営)10：30～19：00 (休)水・木曜 MAP→P150-D3

甘味カフェ 茶ゆ [東山]

東山の芸妓にも愛される、黒東山アイスもなかが人気の店。

ちゃゆ (住)金沢市東山1-7-8 ☎076-253-1715 (営)10：00～夕暮れ時 (休)不定休 MAP→P150-E3

漆の実 [広坂]

「吉はし」の和菓子をはじめ自家製スイーツが好評。

(住)金沢市広坂1-1-60 4F ☎076-263-8121 (営)11：00～18：30（日曜・祝日10：00～） (休)水曜 MAP→P153-C1

フルーツむらはた [武蔵町]

フルーツ専門店が営むパーラー。フルーツパフェは絶品！

(住)金沢市武蔵町2-12 本店第一ビル ☎076-224-6800 (営)10：00～L.O.18：30 (休)無休 MAP→P151-C3

café agre [小坂町]

飲食店店主にファンが多い、自家焙煎の隠れた名店。

カフェ アグレ (住)金沢市小坂町南186-1 SKハイツ1FA ☎090-7741-8828 (営)11：00～17：00 (休)日～火曜 MAP→P148-D1

北陸製菓 金沢彩匠本店 [押野]

金沢発のお菓子ブランド「hokka」の本店がここ。

(住)金沢市押野2-290-1 ☎076-243-7155 (営)10：00～18：00 (休)無休 MAP→P151-C3

KUPPI [野町]

北欧のヴィンテージ食器で、おいしい手づくりスイーツを。

クッピ (住)金沢市野町1-1-5 パレス桜通り1F ☎076-241-3043 (営)12：00～19：00（L.O.18：00） (休)水・木曜 MAP→P153-B2

Gourmet

お食事処

嗜季 [主計町]

驚きと喜びのある創作割烹料理を月替わりで(予約制)。

しき (住)金沢市主計町2-10 ☎076-282-9840 (営)11：30～13：00、17：30～24：00 (休)月曜 MAP→P150-D3

大喜 [本町]

寿司ランチは1000円（税込）で、ボリューム満点！

だいき (住)金沢市本町2-6-27 ☎076-231-1572 (営)11：00～15：00、17：30～23：00（L.O.22：30） (休)木曜 MAP→P151-B3

大笑 [堀川町]

金沢駅近くの立ち飲み屋。鶏、豚、牛の串焼きがおいしい。

だいしょう (住)金沢市堀川町5-10 ☎076-255-1730 (営)17：00～翌3：00 (休)無休 MAP→P151-B2

tawara [片町]

季節を感じるフレンチが人気。ランチ3800円(税込)。

タワラ (住)金沢市片町2-10-19 ロイヤルプラザ片町1F ☎076-210-5570 (営)12：00～13：30、18：00～L.O.20：30（前日までに要予約） (休)木曜、月2回不定休 MAP→P153-B1

のぼる [玉鉾]

健康を第一に考えた、鶏ガラベースのあっさりラーメン。

(住)金沢市玉鉾1-177 ☎076-200-9397 (営)11：30～14：30、18：00～21：00 ※なくなりしだい終了 (休)火曜 MAP→P149-B2

アシルワード [せせらぎ通り]

本場の味を堪能できるインド・ネパール料理レストラン。

(住)金沢市香林坊2-12-15 魚半ビル1F ☎076-262-2170 (営)11：30～15：00、18：00～22：00 (休)月曜、第1火曜（祝日の場合は営業） MAP→P153-B1

金沢まいもん寿司 金沢駅西本店 [駅西新町]

地元に愛される回転寿司店。どのネタも新鮮で美味！

(住)金沢市駅西新町3-20-7 0120-611-448 (営)11：00～21：30（土・日曜・祝日～22：00） (休)無休 MAP→P149-B1

キタムラヤ [片町]

地元の人との会話も楽しい、気軽な立ち飲みバー。

(住)金沢市片町1-12-4
☎076-255-3735
(営)17：00～L.O.翌3：00
(休)不定休 MAP→P153-C2

玄米菜食 明制 [野町]

無農薬・有機野菜や玄米を使ったヘルシーごはんの店。

みょうせい (住)金沢市野町3-27-19 ☎076-287-5874 (営)11：30～20：00（予約制。金～日曜営業。そのほかは問い合わせを。弁当は随時） (休)不定休 MAP→P153-B3

Gallery

ギャラリー

石川県立伝統産業工芸館 ［兼六町］

石川の伝統工芸が一堂に。実演、体験、ショップも充実。

(住)金沢市兼六町1-1　☎076-262-2020
(営)9：00～17：00（入館は～16：45）
(休)4月～11月は第3木曜、12月～3月は木曜（祝日除く）　MAP→P152-D1

ギャラリー三田 ［尾張町］

国内外の絵画のほか、九谷焼や輪島塗の骨董を販売。

(住)金沢市尾張町1-8-5
☎076-222-0056
(営)10：00～18：00　(休)無休
MAP→P150-D3

ギャラリー＆カフェ椋 ［東山］

町家に地元作家の作品を展示。手づくりケーキが自慢。

(住)金沢市東山2-1-7
☎076-255-6106
(営)11：00～17：00　(休)木曜
MAP→P150-E2

ギャラリー林檎舎 ［西都］

「ふだん使いの上質」をテーマに器や雑貨を展示。

(住)金沢市西都1-276
☎076-268-8022
(営)10：00～18：00　(休)水曜
MAP→P149-B1

八十八 ［木倉町］

全国の厳選食材でつくる懐石料理にリピーター多数。

はとは　(住)金沢市木倉町6-6
☎076-260-8166
(営)17：30～24：00　(休)日曜
MAP→P153-B1

Parlour KOFUKU ［新竪町］

15時開店の小粋な居酒屋。ワイン、サングリアなど。

パーラー コフク　(住)金沢市新竪町3-118　☎076-221-7757　(営)15：00～23：00（L.O.22：00）　(休)水曜、第2火曜、不定休　MAP→P153-C2

宝生寿し ［大野町］

金沢港すぐそばの寿司屋。ランチ1500円～（平日のみ）。

ほうしょうずし　(住)金沢市大野町4-72　0120-100-323
(営)11：00～22：00　(休)水曜（祝日の場合は翌日）　MAP→P154上

Makino ［片町］

犀川沿いの小さなフランス料理店。ランチ4300円～。

(住)金沢市片町2-31-18　☎076-208-3318　(営)11：30～L.O.13：00、18：00～L.O.20：00
(休)水・木曜　MAP→P153-B1

涎屋 ［尾張町］

昭和3年築の洋館でひっそりと営むハヤシライス専門店。

よだれや
(住)金沢市尾張町1-8-1 2F
☎076-255-6969　(営)11：30～15：00　(休)月曜　MAP→P150-D3

Others
そのほか

un sourire ［野田町］

地元で評判のアロマサロン。精油のオリジナル商品も。

アンスリール　(住) 金沢市野田町レ61-2　☎ 080-6364-2101　(営) 火～金曜10：00～17：00、土曜10：00～15：30（予約制、当日受付～14：00）　(休) 日・月曜・祝日　MAP→P149-C3

岩本工房 ［安江町］

金沢桐工芸の老舗。かわいい蒔絵を施したトレイが人気。

(住) 金沢市瓢箪町3-2
☎076-231-5421
(営) 10：00～18：30　(休) 火曜
MAP→P151-C2

soixante-deux ［新竪町］

パリコレなどで活躍するヘアスタイリストが営むサロン。

スゥワソン-ドゥ　(住) 金沢市新竪町3-120-4　☎076-256-5762
(営)11：00～（予約制）　(休) 火曜
MAP→P153-C2

PUSHPA ［野田町］

インド各地の布でつくったオリジナル商品や雑貨を販売。

プーシパ　(住) 金沢市野田町レ61-1
☎076-244-7625
(営)10：00～17：00　(休) 水・日曜
MAP→P149-C3

Hotel & Guesthouse
ホテル・ゲストハウス

金沢白鳥路 ホテル山楽 ［丸の内］

金沢城公園すぐそばの、大正ロマンの風情漂うホテル。

(住) 金沢市丸の内6-3　☎ 076-222-1212　チェックイン14：00～、チェックアウト～12：00
MAP→P150-D4

銭がめ ［板ヶ谷町］

湯涌温泉にたたずむ庄屋屋敷のお宿。1日3組限定。

ぜにがめ　(住) 金沢市板ヶ谷町イ50　☎ 076-235-1426　チェックイン15：00～、チェックアウト～10：00　MAP→P148全域

ゲストハウス ナマステ ［笠市町］

金沢駅から徒歩5分。旅好きの店主との会話も楽しい。

(住) 金沢市笠市町6-14　☎ 076-255-1057　チェックイン15：00～20：00、チェックアウト～10：00　MAP→P151-C2

HOTEL PACIFIC ［十間町］

2014年春オープン。きれいな客室と手頃な料金が魅力。

ホテルパシフィック　(住) 金沢市十間町46　☎ 076-264-3201　チェックイン15：00～、チェックアウト～11：00　MAP→P151-C3

素敵な人、モノに出会える!

今、注目のイベント情報

4月 春ららら市

満開の桜の下でかわいいもの発見

書籍『乙女の金沢』の著者、岩本歩弓さんによるプロデュース。地元の工芸作家、飲食店、映画館など約100軒が出店。本書で紹介した作家や店に出会える可能性も大！

(所) しいのき迎賓館うら 広坂緑地
(問) 乙女の金沢展
E-mail otome@kirikougei.com
http://otome.kirikougei.com

3・5・9・11月 よこっちょ・ポッケまーと

100 軒以上の出店が商店街にずらり！

北陸をはじめ各地の工芸作家や雑貨店、飲食店が集合。東別院山門前ではライブパフォーマンスも楽しめる。偶数月第３日曜には骨董店や古書店による「よこっちょ・古物市」を開催。

(所) 金澤表参道
(問) 横安江町商店街振興組合
☎ 076-231-2536
http://www.k-omotesando.com/

5・10月 しんたてコーヒー大作戦

店主こだわりの一杯を飲み比べ

県内外のコーヒーショップが新竪町商店街に。商店街の各店も、店主おすすめのコーヒーを出したり、コーヒー関連グッズを販売したり。イベント限定のスイーツやフードもたくさん。

(所) 新竪町商店街
(問) BANJO'S ☎ 076-262-3340
https://www.facebook.com/shintatecoffeedaisakusen

5月3〜5日 九谷茶碗まつり

九谷焼の掘り出し物を見つけて

石川県で活躍する九谷焼作家、窯元、商社が、サンプル品やデッドストックを大放出。なかには、ここでしか買えない作品も。つくり手と直接話せるのもうれしい。

(所) 九谷陶芸村(石川県能美市)
(問) 九谷茶碗まつり運営委員会
☎ 0761-58-6656
http://www.kutani.or.jp

※開催日程等は変更になる場合があります。
詳細はホームページまたはお問い合わせ先にご確認ください。

11月 冬の友

冬が楽しくなるアイディアが満載

カフェ、雑貨店、工芸作家がテントに集まり、とっておきの冬の過ごし方を提案。映画館やプラネタリウムも！　パンフレット内のかるたの絵を目印に、気になるテントへ行ってみよう。

(所) しいのき迎賓館うら 広坂緑地
(問) 乙女の金沢展
E-mail otome@kirikougei.com
http://otome.kirikougei.com

9月 金澤町家巡遊

見てさわって、町家の魅力を体感

金沢市内の町家ショップや工房が、限定メニューやワークショップを開催。建物の特別公開や町家鑑賞ツアーも人気。猫の絵が目印の町家ショップマップを片手に、町家巡りを楽しもう。

(所) 金沢市内の町家各所
(問) NPO法人 金澤町家研究会
☎ 076-253-3517
http://kanazawa-machiya.net/mj/

不定期 こまちなみなーと

大野の魅力がわかる体験イベント

醤油に関するワークショップや、グルメや雑貨マーケットを開催。大野灯台の公開、レンタサイクルで大野ツアー、巡視艇による金沢港沖体験航海など、海沿いの町ならではの催しも。

(所) 金沢市大野町
(問) 大野こまちなみ研究所事務局
☎ 090-2099-5512
http://komachilab.exblog.jp

不定期 OYAJI MARKET

ものを愛するオヤジたちが出店

女性向けのイベントが多いなか、「オヤジたちの居場所をつくろう！」とスタート。出店資格は40才以上。カメラや自転車、時計、アウトドア道具など、オヤジたちこだわりの品々が。

(所) 新竪町商店街
(問) benlly's & job
☎ 076-234-5383
https://www.facebook.com/OyajiMarket

KANAZAWA MAP

金沢マップ

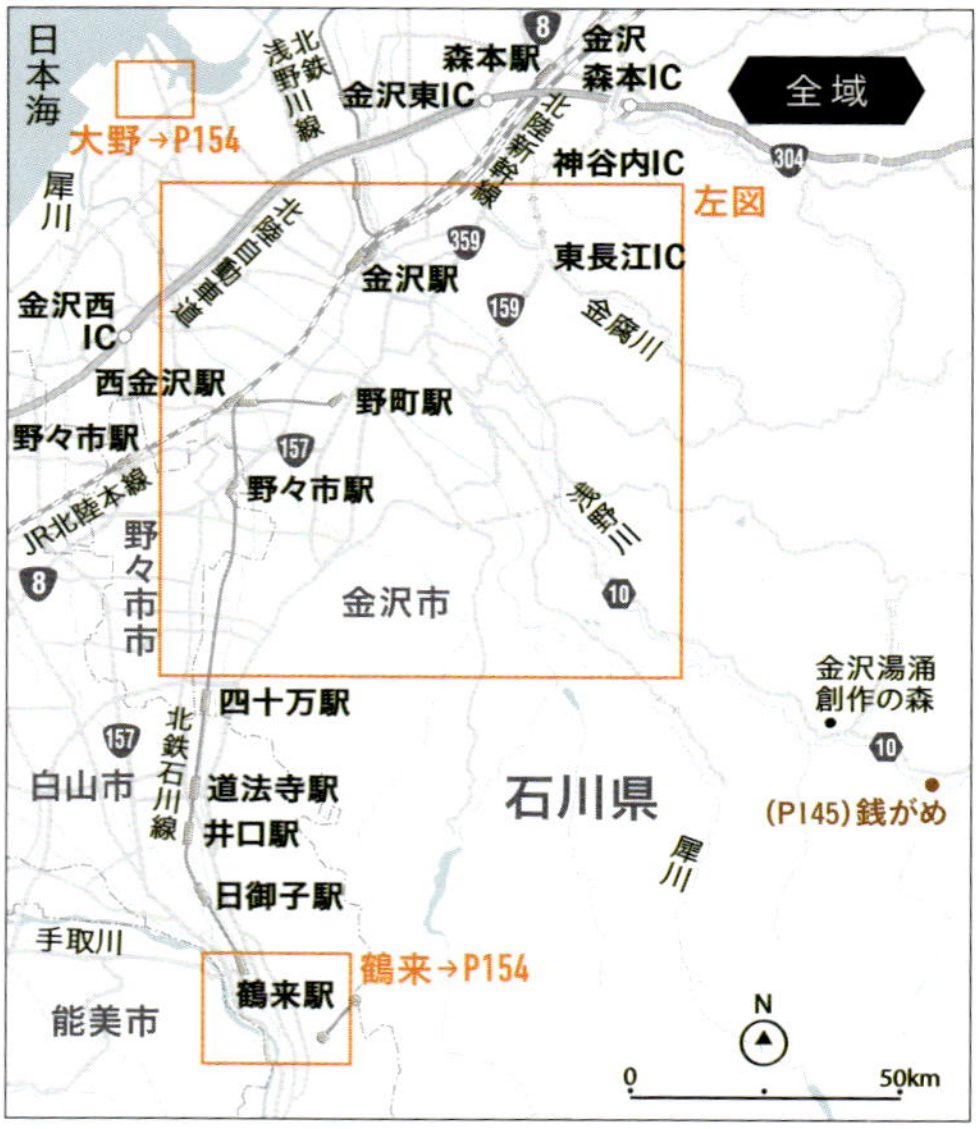

本書で紹介しているスポットは、茶色で表記しています。

A
B
C
1
2
3
4
金沢海みらい図書館(P134)
金沢森本IC
西小学校北
内灘
津幡
東金沢駅
(P25)珈琲屋チャペック
西念
金沢まいもん寿司 金沢駅西本店(P143)
(P144)ギャラリー林檎舎
上諸江駅
北部運動公園
新高岡
(P25)HUG mitten WORKS
西念中
西念町
北鉄浅野川線
JR北陸本線
北陸新幹線
観音堂町公園口
YAMANEKO(P39)
住吉神社
藤江
金沢バイパス
北陸自動車道
トモファームあゆみ野菜(P86)
(P94)niginigi
金沢駅周辺→P150-151
犀川
松村三丁目
(P23)季節の食堂 Fratino
示野中町
加藤皓陽堂
二口町
広岡
北鉄金沢駅
金沢駅
桜田町
中橋
西部公園
若宮神社
示野中橋
金沢西IC
若宮大橋
主計町茶屋街
玉鉾
松島北
のぼる(P143)
入江西
大豆田大橋
入江
浅野川
金沢城公園
入江三丁目
古府南
御影町
金沢西IC
伏見川
金沢城址
新神田
金沢うら田
金沢城南→P152-153
兼六園
金沢市役所
保古橋詰南
増泉
保古三丁目
犀川大橋
西金沢四丁目
(P52)金沢古民芸会館
金沢市消防局
御経塚北
西南部
西金沢駅
西泉駅
野町駅
桜橋
金沢バイパス
八日市五丁目
北陸製菓 金沢彩匠本店(P142)
下菊橋
JR北陸本線
押野二丁目
北鉄石川線
小松
押野西
有松
泉野
横川
野々市駅
押野駅
上有松
有松温泉元湯
れもん湯(P139)
金沢有松病院
(P145)PUSHPA
(P145)un sourire
陸上自衛隊
金沢駐屯地
布水中学校前
(P90)ムシャリラ・ムシャリロの弁当屋
野田町
横宮
野々市駅
泉野出町南
野々市
久安二丁目
伏見台一丁目
野田町西
桃雲寺
野々市工大前駅
大乗寺
8番らーめん 泉ヶ丘店(P112)
堀内北
本町二丁目南
加賀産業開発道路
伏見川
大乗寺丘陵公園
石川県戦没者墓苑
高橋川
金沢工業大学
窪町
満願寺美術館
鶴来街道
高尾一丁目
満願寺山
矢作北
馬替駅
下林西
山側環状
矢作
野々市市役所
額住宅前駅
北陸学院大学
中林四丁目
粟田北
乙丸駅
額谷町
鶴来
N
0
1km

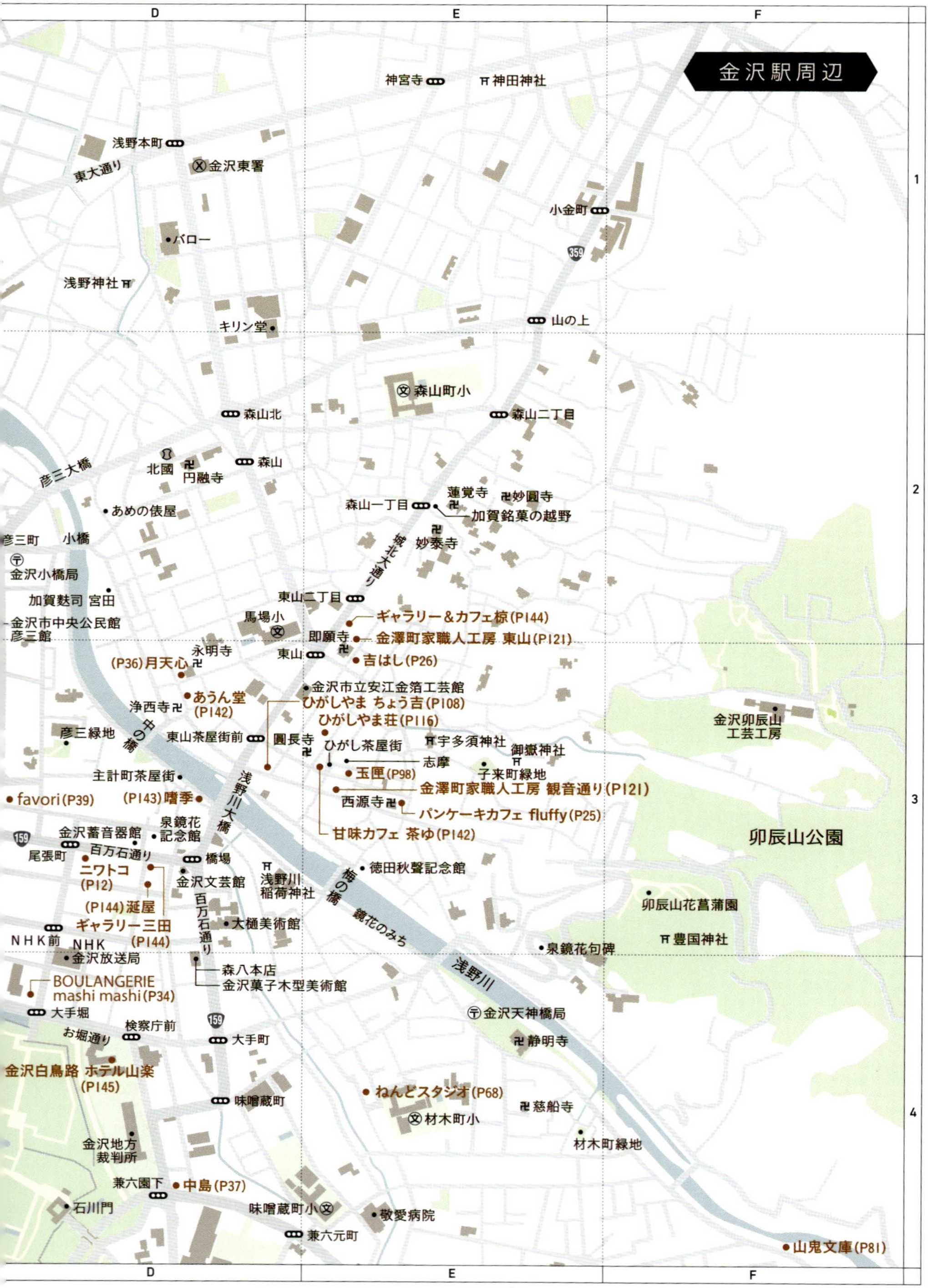
金沢駅周辺
D
E
F
1
2
3
4
神宮寺
神田神社
浅野本町
東大通り
金沢東署
小金町
バロー
359
浅野神社
キリン堂
山の上
森山町小
森山北
森山二丁目
彦三大橋
北國
円融寺
森山
蓮覚寺
妙圓寺
森山一丁目
加賀銘菓の越野
あめの俵屋
彦三町
小橋
城北大通り
妙泰寺
金沢小橋局
加賀麩司 宮田
東山二丁目
金沢市中央公民館
彦三館
馬場小
ギャラリー＆カフェ椋(P144)
即願寺
金澤町家職人工房 東山(P121)
永明寺
東山
(P36)月天心
吉はし(P26)
金沢市立安江金箔工芸館
あうん堂
(P142)
ひがしやま ちょう吉(P108)
浄西寺
ひがしやま荘(P116)
金沢卯辰山
工芸工房
彦三緑地
中の橋
東山茶屋街前
圓長寺
ひがし茶屋街
宇多須神社
御嶽神社
志摩
子来町緑地
主計町茶屋街
玉匣(P98)
金澤町家職人工房 観音通り(P121)
favori(P39)
(P143)嗜季
浅野川大橋
西源寺
パンケーキカフェ fluffy(P25)
泉鏡花
記念館
金沢蓄音器館
甘味カフェ 茶ゆ(P142)
卯辰山公園
159
百万石通り
尾張町
橋場
ニワトコ
(P12)
徳田秋聲記念館
梅の橋
金沢文芸館
浅野川
稲荷神社
卯辰山花菖蒲園
(P144)涎屋
百万石通り
大樋美術館
鏡花のみち
ギャラリー三田
(P144)
豊国神社
NHK前
NHK
金沢放送局
泉鏡花句碑
森八本店
金沢菓子木型美術館
浅野川
BOULANGERIE
mashi mashi(P34)
大手堀
金沢天神橋局
検察庁前
お堀通り
大手町
静明寺
金沢白鳥路 ホテル山楽
(P145)
味噌蔵町
ねんどスタジオ(P68)
慈船寺
材木町小
金沢地方
裁判所
材木町緑地
兼六園下
中島(P37)
石川門
味噌蔵町小
敬愛病院
兼六元町
山鬼文庫(P81)
D
E
F

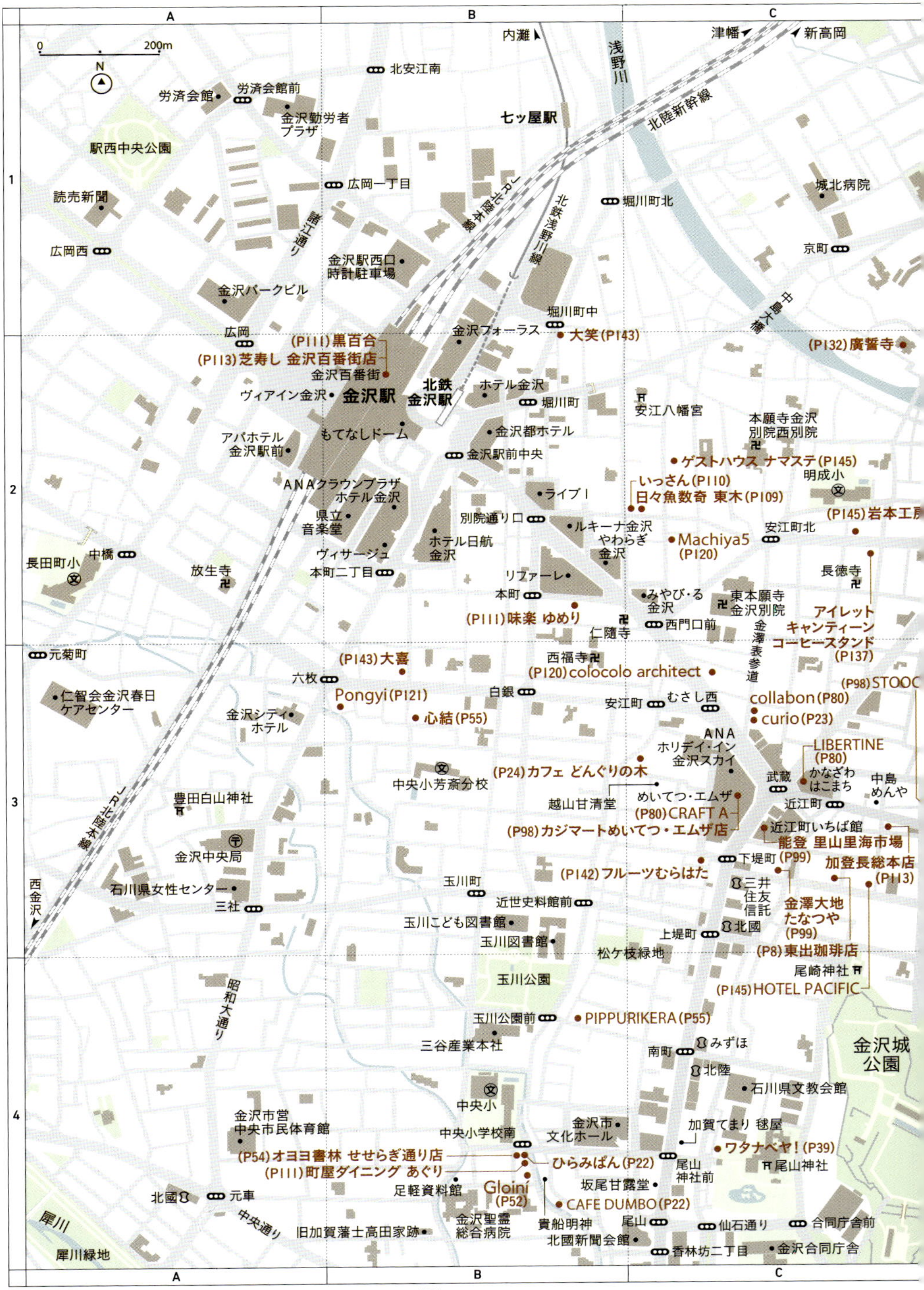

A
B
C
1
2
3
4
0
200m
N
内灘
津幡
新高岡
浅野川
北安江南
労済会館
労済会館前
金沢勤労者
プラザ
七ッ屋駅
北陸新幹線
駅西中央公園
広岡一丁目
城北病院
JR北陸本線
北鉄浅野川線
堀川町北
読売新聞
諸江通り
広岡西
京町
金沢駅西口
時計駐車場
中島大橋
金沢パークビル
堀川町中
広岡
金沢フォーラス
大笑(P143)
(P111)黒百合
(P132)廣誓寺
(P113)芝寿し 金沢百番街店
金沢百番街
北鉄
金沢駅
ホテル金沢
ヴィアイン金沢
金沢駅
堀川町
安江八幡宮
本願寺金沢
別院西別院
アパホテル
金沢駅前
もてなしドーム
金沢都ホテル
金沢駅前中央
ゲストハウス ナマステ(P145)
明成小
ANAクラウンプラザ
ホテル金沢
ライブ1
いっさん(P110)
日々魚数奇 東木(P109)
(P145)岩本工房
県立
音楽堂
別院通り口
ルキーナ金沢
安江町北
中橋
ホテル日航
金沢
やわらぎ
金沢
Machiya5
(P120)
長田町小
放生寺
ヴィサージュ
長徳寺
本町二丁目
リファーレ
本町
みやび・る
金沢
東本願寺
金沢別院
(P111)味楽 ゆめり
アイレット
キャンティーン
コーヒースタンド
(P137)
仁随寺
西門口前
金澤表参道
元菊町
西福寺
(P143)大喜
(P120)colocolo architect
(P98)STOO
六枚
仁智会金沢春日
ケアセンター
Pongyi(P121)
白銀
金沢シティ
ホテル
心結(P55)
安江町
むさし西
collabon(P80)
curio(P23)
ANA
ホリデイ・イン
金沢スカイ
LIBERTINE
(P80)
(P24)カフェ どんぐりの木
武蔵
かなざわ
はこまち
中島
めんや
中央小芳斎分校
豊田白山神社
越山甘清堂
めいてつ・エムザ
(P80)CRAFT A
近江町
(P98)カジマートめいてつ・エムザ店
近江町いちば館
能登 里山里海市場
金沢中央局
下堤町(P99)
加登長総本店
(P113)
(P142)フルーツむらはた
玉川町
三井
住友
信託
石川県女性センター
西金沢
三社
近世史料館前
金澤大地
たなつや
(P99)
玉川こども図書館
上堤町
北國
玉川図書館
(P8)東出珈琲店
松ケ枝緑地
尾崎神社
昭和大通り
玉川公園
(P145)HOTEL PACIFIC
玉川公園前
PIPPURIKERA(P55)
金沢城
公園
三谷産業本社
南町
みずほ
北陸
石川県文教会館
中央小
金沢市営
中央市民体育館
金沢市
文化ホール
加賀てまり 毬屋
中央小学校南
(P54)オヨヨ書林 せせらぎ通り店
ワタナベヤ!(P39)
ひらみぱん(P22)
尾山
神社前
尾山神社
(P111)町屋ダイニング あぐり
坂尾甘露堂
北國
元車
足軽資料館
Gloiní
(P52)
CAFE DUMBO(P22)
犀川
中央通り
金沢聖霊
総合病院
貴船明神
尾山
仙石通り
合同庁舎前
旧加賀藩士高田家跡
北國新聞会館
香林坊二丁目
金沢合同庁舎
犀川緑地

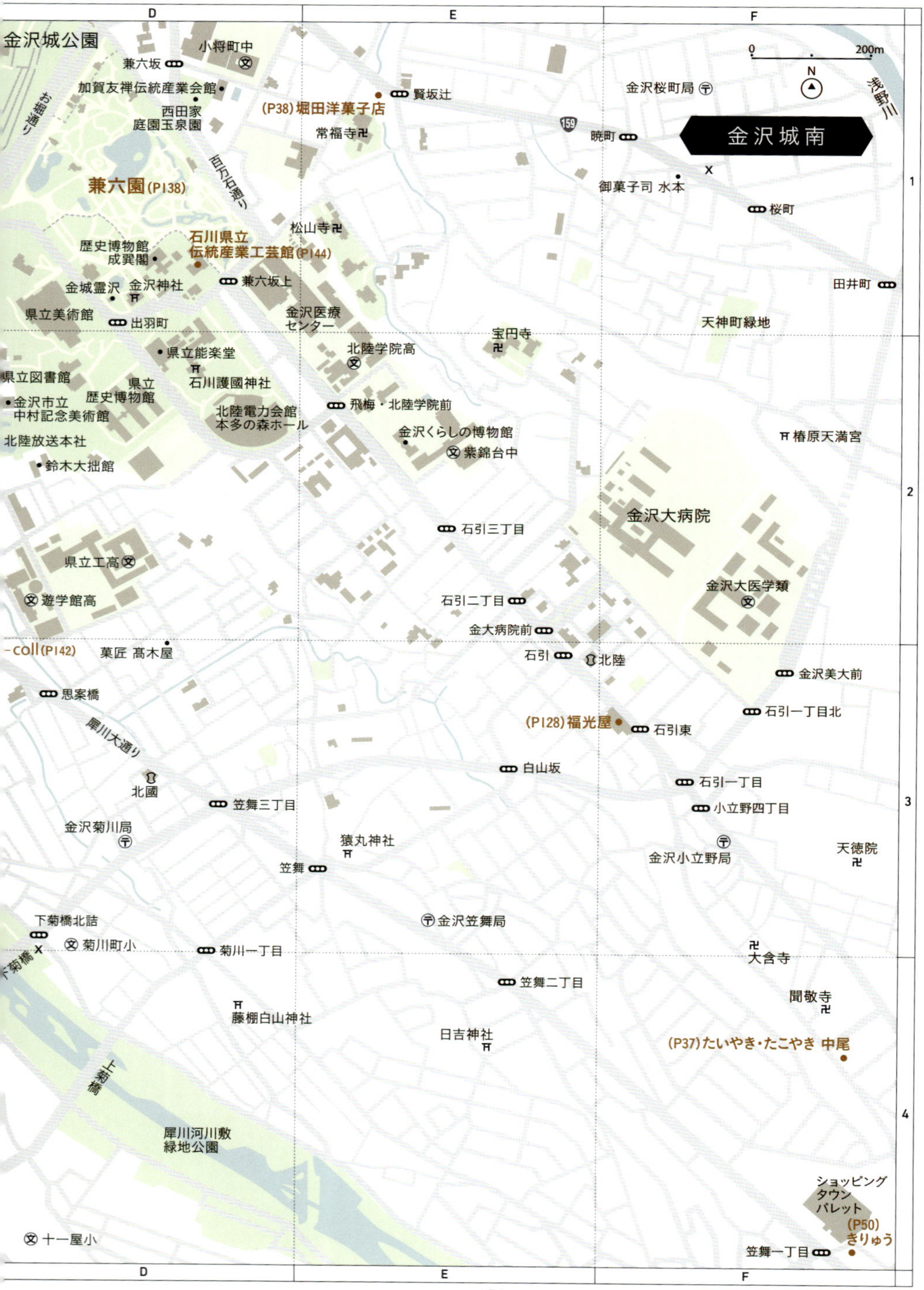
金沢城南
D
E
F
1
2
3
4
0
200m
N
金沢城公園
小将町中
兼六坂
加賀友禅伝統産業会館
お堀通り
西田家
庭園玉泉園
(P38)堀田洋菓子店
賢坂辻
常福寺
159
晩町
金沢桜町局
浅野川
百万石通り
御菓子司 水本
兼六園(P138)
桜町
松山寺
歴史博物館
成巽閣
石川県立
伝統産業工芸館(P144)
金城霊沢
金沢神社
兼六坂上
県立美術館
出羽町
金沢医療
センター
田井町
宝円寺
天神町緑地
県立能楽堂
北陸学院高
県立図書館
石川護國神社
県立
歴史博物館
金沢市立
中村記念美術館
飛梅・北陸学院前
北陸電力会館
本多の森ホール
北陸放送本社
金沢くらしの博物館
紫錦台中
椿原天満宮
鈴木大拙館
金沢大病院
石引三丁目
県立工高
遊学館高
金沢大医学類
石引二丁目
金大病院前
-coll(P142)
菓匠 髙木屋
石引
北陸
金沢美大前
思案橋
石引一丁目北
(P128)福光屋
石引東
犀川大通り
白山坂
北國
石引一丁目
笠舞三丁目
小立野四丁目
金沢菊川局
猿丸神社
金沢小立野局
天徳院
笠舞
下菊橋北詰
金沢笠舞局
菊川町小
菊川一丁目
大舎寺
笠舞二丁目
聞敬寺
藤棚白山神社
日吉神社
(P37)たいやき・たこやき 中尾
上菊橋
犀川河川敷
緑地公園
ショッピング
タウン
パレット
(P50)
きりゅう
十一屋小
笠舞一丁目

A
B
C
1
2
3
4
御影大橋
御影大橋南詰
中村町
犀川緑地
中村町小
中村神社
満天の湯
アピタ
西インター大通り
瑞泉寺
津田駒工業
野町駅
西金沢
北鉄石川線
北陸
中央通り
武家屋敷跡野村家
和菓子村上本店
(P143)tawara
(P108)南山
ロイヤルプラザ片町
老舗記念館
(P133)グリルオーツカ
(P144)八十八
(P136)パンプラザースアベ
(P110)浜の
中央味食街
(P102)酒菜 きく家
Makino(P144)
純喫茶ローレンス(P142)
(P106)おでん よし坊
アシルワード(P143)
(P46)SKLO
日本銀行
KOHRINBO109
香林坊二丁目
金沢合同庁舎
金沢城址
お堀通り
大和
日銀前
中央公園
石川四高記念文化交流館
(P80)クラフト広坂
金沢能楽美術館
石川県政記念しいのき迎賓館
香林坊
市役所前
(P80)LINE
(P142)漆の実
金沢市役所
九谷焼諸江屋(P80)
片町一丁目
(P30)PÂTISSERIE OFUKU
つぼみ(P36)
金沢21世紀美術館(P130)
アパホテル金沢中央
片町
(P81)モノトヒト
(P143)キタムラヤ
(P53)ÉNIGME
(P112)中華の白菊チュー
室生犀星記念館
金沢白菊局
雨宝院
犀川大橋
犀川大橋北詰
大工町
金沢歌舞伎座前
金沢歌劇座
犀川大橋南詰
ギャラリートネリコ(P83)
one one otta(P24)
金沢中署
(P110)亜汰
神明宮
(P142)KUPPI
ブラン・ヴェルデ
白菊町
大蓮寺
山錦楼
天ぷら 小泉(P109)
本多町
甘納豆かわむら
野町広小路
妙慶寺
竪町
橘珈琲店(P24)
(P54)畳世
E.N.N.(金沢R不動産)
(P104)酒屋 彌三郎
犀星のみち
金沢市西茶屋資料館
酒見銘茶店
(P76)taffeta
(P81)GALERIE Noyau
鱗町
妙立寺(忍者寺)
願念寺
factory zoomer/shop
(P144)Parlour KOFUKU
(P145)soixante-deux
極楽寺
浄安寺
松月寺のサクラ
室生犀星文学碑
ピュイダムール(P38)
落雁諸江屋
香林寺
松月寺
金剛寺
伏見寺
妙典寺
幸町南
benlly's & job(P42)
野町三丁目
寺町五丁目
高岸寺
桜橋
GARYO(P53)
光専寺
法光寺
長久寺
桜橋南詰
泉小
玉龍寺
柴舟小出
月照寺
立像寺
泉一丁目
玄米菜食 明制(P143)
犀川
本覚寺
今川酢造(P98)
妙法寺
昌柳寺
沼田
南大通り
寺町通り
(P37)戸水屋
泉
寺町三丁目南
林幽寺
四十萬谷本舗
弥生さくら公園
弥生局
泉中
永福寺
157
泉野三丁目
泉野櫻木神社
長良坂
金沢寺町局
宝集寺
泉三丁目
龍勝寺
寺町一
祇陀寺
ロンシャン(P38)

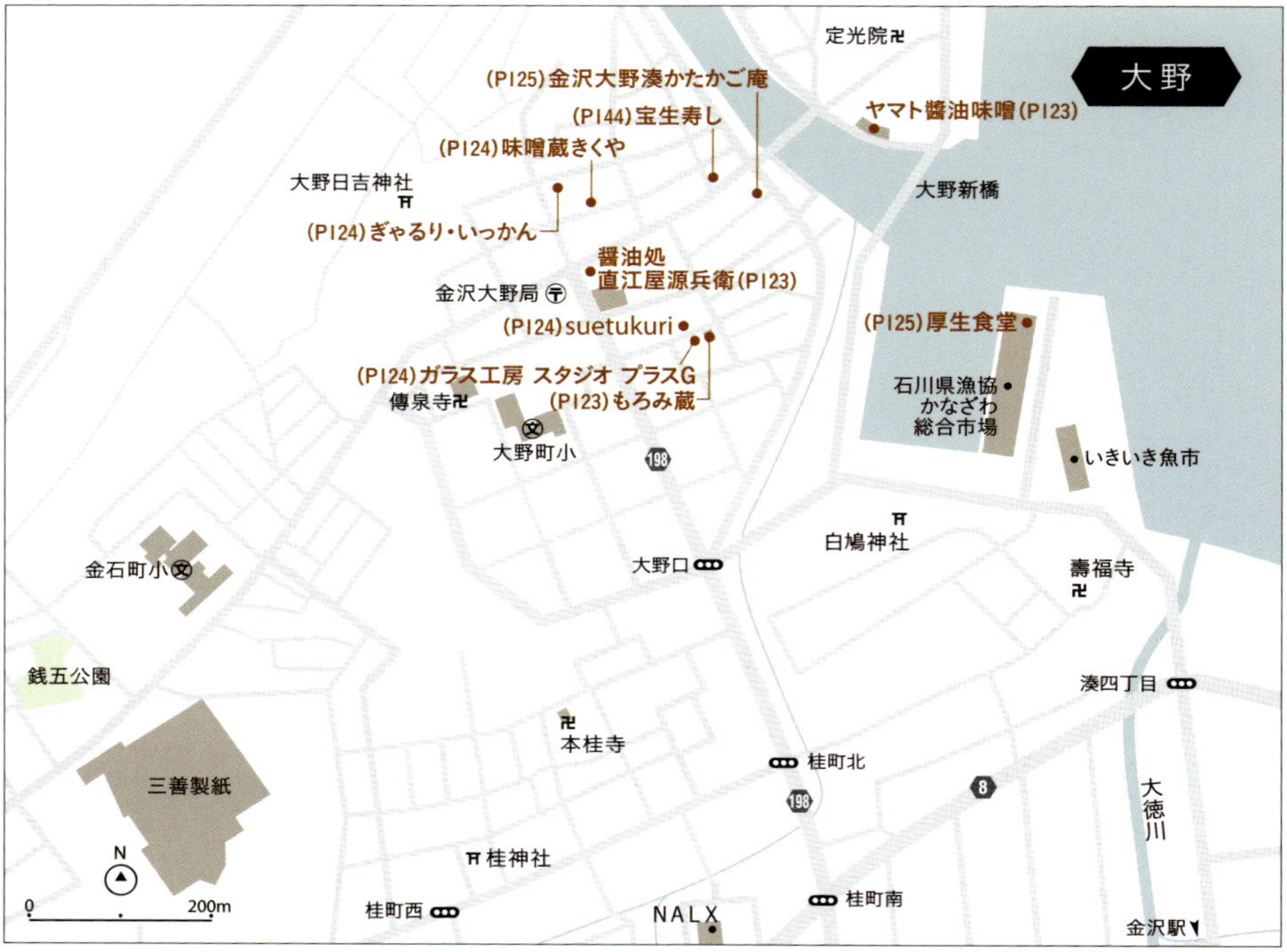
大野
定光院
(P125)金沢大野湊かたかご庵
(P144)宝生寿し
ヤマト醤油味噌(P123)
(P124)味噌蔵きくや
大野日吉神社
大野新橋
(P124)ぎゃるり・いっかん
醤油処
直江屋源兵衛(P123)
金沢大野局
(P124)suetukuri
(P125)厚生食堂
(P124)ガラス工房 スタジオ プラスG
傳泉寺
(P123)もろみ蔵
石川県漁協
かなざわ
総合市場
大野町小
198
いきいき魚市
白鳩神社
金石町小
大野口
壽福寺
銭五公園
湊四丁目
本桂寺
桂町北
三善製紙
8
198
大徳川
N
0
200m
桂神社
桂町西
NALX
桂町南
金沢駅

西金沢
鶴来駅前
北鉄石川線 鶴来駅
鶴来
天狗橋
天狗橋詰
103
鶴来局
45
157
45
鶴来温泉
鶴来本町
マルエー
つるぎ病院
(P127)萬歳楽 本店
新町
(P127)あさひ屋ベーカリー
高田醤油(P127)
朝日小
ふれあい昆虫館
水戸町
鶴来バイパス
手取川
パーク獅子吼
179
舟岡山
103
鶴来街道
山上郷大橋
ゴンドラ山麓駅
八幡町
道の駅しらやまさん
三ノ宮
白山比咩神社
浄養寺

金沢の町をスムーズに、お得に旅しよう！

／ 城下まち金沢周遊バス ／

金沢の中心部を巡るのに便利

金沢駅や香林坊、片町、橋場町など、市の中心部を巡回。右回りと左回りの２つのルートがあり、15分間隔で運行。ひがし茶屋街や兼六園、近江町市場、金沢21世紀美術館など、主要な観光スポットを巡る際にも活躍。

料金

- 1回乗車／大人200円(子ども100円)
- 1日フリー乗車券／大人500円(子ども250円)
  1日何度でも乗車可能
  ※ 金沢周遊バスだけでなく、路線バス(金沢市内200円区間内)なども利用できる

1日フリー乗車券販売窓口

- 北鉄駅前センター
  (金沢駅東口バスターミナル内)
- 金沢駅東口バスターミナル北鉄グループ案内所
  (金沢駅東広場交通案内所内)
- 北鉄金沢バス 片町サービスセンター
- 北鉄バスサービスセンター武蔵エムザ店
  (めいてつ・エムザ1階　黒門小路)
  ※ 城下まち金沢周遊バス車内でも購入可能

お問い合わせ

北陸鉄道 テレホンサービスセンター
☎076-237-5115 (8：00～19：00)
http://www.hokutetsu.co.jp/bus/loop/

／ 金沢レンタサイクル「まちのり」 ／

上手に使えば、1日200円で何度でも

「まちのり」は、みんなで自転車をシェアするサービス。市内には19カ所のポート（貸出・返却拠点）を配置。30分以内で次の目的地近くのポートに返却するように乗り継いでいけば、1日200円で何度でも利用可能。

利用方法

利用には、クレジットカードとパスモやスイカなどの交通系ICカードを用意。あとはポートにある端末機の画面に従って登録すれば、簡単に利用できる。クレジットカードがない場合は、まちのり事務局や市内ホテルなどの提携窓口(宿泊者限定)で現金による利用が可能。

料金

- 基本料金／1日200円
- 追加料金／1回の利用時間が30分を超えると、30分ごとに200円の追加料金を加算
  ※現金利用の場合、別途デポジット（預け金）800円が必要

お問い合わせ

まちのり事務局
㊒ 金沢市此花町3-2　📠0120-3190-47
http://www.machi-nori.jp/

INDEX

橋南詰
犀星のみち
Saisei no michi

長年暮らした金沢を離れて
東京に移り住んでから、
ずっとあたためていた金沢の本を
今回、出版することができました。
この一年、取材で多くの人と出会い、
ときには一緒に夜の片町に行ったり
自宅に泊めていただいたり、
また金沢に住みたくなるほど
濃密な時間を過ごさせていただきました。
ご協力くださったすべてのみなさま、
本当にありがとうございました。
そしてこの本を手にとってくださった
みなさまに、心より感謝いたします。
ぜひ、すてきな金沢の旅を――。

杉山正博

編集者・ライター。金沢の出版社に約10年間勤めたのち、雑誌『自休自足』の編集部を経て、2009年に独立。著書に『レトロカーと。』(主婦の友社)、編集・原稿を担当した書籍に『丸林さんちの手づくり家具帖2』(メディアファクトリー)などがある。金沢の好きな風景は「桜が満開の頃の石川門」。

濱尾美奈子

編集者・ライター。金沢市出身、高校まで金沢で育つ。大学卒業後は金沢の出版社でタウン誌・結婚情報誌・住宅情報誌の編集制作を約10年間担当。その後、東京で福利厚生サービス会社ガイドブック、不動産会社会員誌の編集制作を行う。金沢の好きな風景は「寺町から見る犀川」。

アラタケンジ

カメラマン。兵庫県出身。大阪の写真学校を卒業後、都内スタジオを経て、2006年に独立。カタログ、書籍を中心に活動中。最近撮影を担当した書籍に『東京パフェ学』(文化出版局)がある。金沢の好きな風景は「東出珈琲店の朝の店内」。

Facebookページ「ふだんの金沢に出会う旅」でも
情報を発信しています。
https://www.facebook.com/fudannokanazawa

アートディレクション	川村哲司(atmosphere ltd.)
デザイン	磯野正法　齋藤麻里子(atmosphere ltd.)
企画	杉山正博　濱尾美奈子　アラタケンジ
撮影	アラタケンジ
編集・取材・文	杉山正博 p.8-11,16-21,34-35,42-51,64-75,86-89,102-103,106-107 ほか
	濱尾美奈子 p.12-15,26-33,60-63,82-83,90-97,104-105,116-119 ほか
校正	北原千鶴子
編集担当	東明高史(主婦の友社)

ふだんの金沢《かなざわ》に出《で》会《あ》う旅《たび》

著　者	杉山正博《すぎやままさひろ》　濱尾美奈子《はまおみなこ》　アラタケンジ
発行者	荻野善之
発行所	株式会社主婦の友社 〒101-8911 東京都千代田区神田駿河台2-9 電話 (編集)03-5280-7537 (販売)03-5280-7551
印刷所	大日本印刷株式会社

●乱丁本、落丁本はおとりかえします。お買い求めの書店か、主婦の友社資材刊行課(☎03-5280-7590)にご連絡ください。●内容に関するお問い合わせは、主婦の友社(☎03-5280-7537)まで。●主婦の友社発行の書籍・ムックのご注文、雑誌の定期購読のお申し込みは、お近くの書店か主婦の友社コールセンター(電話0120-916-892)まで。※お問い合わせ受付時間 月〜金(祝日を除く) 9:30〜17:30　主婦の友社ホームページ http://www.shufunotomo.co.jp/

ISBN978-4-07-298258-7

そ-033101